I0817918

Educar también es decir no

Educar también es decir no

Cómo poner límites a tus hijos con amor

Dra. Ana Aznar

Papel certificado por el Forest Stewardship Council®

Primera edición: enero de 2026

© 2026, Ana Aznar Botella
© 2026, Penguin Random House Grupo Editorial, S. A. U.,
Travessera de Gràcia, 47-49. 08021 Barcelona

Penguin Random House Grupo Editorial apoya la protección de la propiedad intelectual. La propiedad intelectual estimula la creatividad, defiende la diversidad en el ámbito de las ideas y el conocimiento, promueve la libre expresión y favorece una cultura viva. Gracias por comprar una edición autorizada de este libro y por respetar las leyes de propiedad intelectual al no reproducir ni distribuir ninguna parte de esta obra por ningún medio sin permiso. Al hacerlo está respaldando a los autores y permitiendo que PRHGE continúe publicando libros para todos los lectores. Ninguna parte de este libro puede ser utilizada o reproducida con el propósito de entrenar tecnologías o sistemas de inteligencia artificial. PRHGE se reserva expresamente la reproducción, la extracción y el uso de esta obra y de cualquiera de sus elementos para fines de minería de textos y datos y el uso a medios de lectura mecánica u otros medios que resulten adecuados (art. 67.3 del Real Decreto Ley 24/2021). Diríjase a CEDRO (Centro Español de Derechos Reprográficos, http://www.cedro.org) si necesita reproducir algún fragmento de esta obra.
En caso de necesidad, contacte con: seguridadproductos@penguinrandomhouse.com

Printed in Spain – Impreso en España

ISBN: 978-84-10467-49-1
Depósito legal: B-19.672-2025

Compuesto en Llibresimes, S. L.

Impreso en Gomez Aparicio, s.l.
Casarrubuelos (Madrid)

VE 6 7 4 9 1

A mis padres. Mi faro.

A Alejandro. Mi lugar.

A mis hijos. Mi porqué

Índice

Introducción

En el mundo de la crianza hay ruido. Demasiado. Hay miles de libros, blogs, pódcasts, artículos, cursos y webs. Cientos de psicólogos, psiquiatras, pediatras, educadores, *coaches*, orientadores y pedagogos. Existe muchísima información, pero también muchísima desinformación. Y para complicarlo aún más, han aparecido miles de *influencers* y creadoras de contenido con sus hijos perfectos, sus casas perfectas, sus cuerpos perfectos, sus recetas perfectas y sus paisajes perfectos. Y en todo este ruido, numerosos padres se sienten perdidos. No sabemos a quién escuchar. Nos sentimos abrumados. Nos parece que todo el mundo lo hace mejor que nosotros. Se nos multiplica el miedo y la preocupación que ya de por sí conlleva tener hijos.

Con este libro te propongo que paremos. Que paremos y reflexionemos sobre lo que de verdad importa en la educación de nuestros hijos. En estas páginas no encontrarás la receta mágica para que tus hijos salgan bien. Y no la encontrarás porque nadie la tiene. Y, además, porque, como veremos más adelante, influimos menos en los hijos de lo que pensamos, con lo cual no hay receta mágica que valga.

Te propongo reflexionar sobre un tema que es fundamental a la hora de educar a nuestros hijos, pero que últimamente parece que estamos pasando por alto: los límites. Sobre este asunto hay una enorme confusión. Confusión que viene, en parte, porque hemos pasado de un modelo de crianza muy autoritario («Tú obedeces porque lo digo yo») a querer tener una relación más cercana con nuestros hijos. Y esto está muy bien, pero el problema es que, en este intento de acercarnos a ellos, muchos padres se han ido al otro extremo. Al de la falta de límites.

Yo abogo por que ni tanto ni tan calvo. Nos hemos ido de un extremo a otro, y los extremos no son buenos. Volvamos a un punto de equilibrio. Volvamos a poner un poco de sentido común en la crianza. Tanta confusión no beneficia a nuestros hijos. Tampoco a nosotros. En este libro defiendo que querer a nuestros hijos (y a nosotros mismos) pasa por decir que no, por ser a veces el malo de la película. Pasa, en definitiva, por ejercer de padres. Porque nuestros hijos no necesitan que seamos sus amigos, sino que seamos sus padres.

Y esta defensa de los límites no la hago con argumentos que me saque de la manga, sino basándome en la evidencia científica. Porque la psicología, por mucho que todavía haya gente que piense lo contrario, es una ciencia. La cuestión es que como los seres humanos somos tan complejos y, además, interactuamos constantemente con el contexto, muchas veces la mejor respuesta que podemos dar los psicólogos es: «Depende». «Depende» no quiere decir «No tengo ni idea de lo que me estás hablando». Quiere decir «Tengo que conocer tu caso particular porque hay pocas indicaciones o reglas en el mundo de la psicología en general, y en el de la crianza en particular, que puedan aplicarse a todo el mundo». Por eso verás que, a lo largo del libro, utilizo a menudo expresiones como: «los padres suelen...»; «los niños habitualmente...»; «cuando eso pasa, los niños tienen más probabilidades de...», etcétera. No las empleo como una muletilla, sino muy conscientemente. Te pongo un ejemplo de por qué me expreso así: si tenemos en cuenta las investigaciones sobre niños que viven en situación de abandono, concluiremos que estos niños tienen más probabilidades de que no les vaya bien en la vida. Suelen tener problemas en sus relaciones sociales, les suele ir peor en el colegio y tienen más posibilidades de sufrir enfermedades mentales que los niños que no viven en tal situación. Hay cientos de estudios sobre este tema y la gran mayoría llega a esta misma conclusión, pero ¿podemos asegurar que a todos los niños que viven en situación de abandono les pasará lo mismo? No. No podemos asegurarlo porque cada caso es un mundo: hay niños que son más resistentes, hay otros que tendrán un profesor que les ayudará, niños con hermanos y otros sin ellos, unos que pasaron así toda su infancia y otros que solo lo harán unos años... Por eso, a lo largo de estas páginas, pocas veces hago aseveraciones rotundas. El mundo de la psicología está lleno de matices. Por eso, en este libro te cuento lo que es más probable que les ocurra a los niños que viven en ciertos contextos, pero no te puedo asegurar al cien por cien que a tu hijo le vaya a pasar lo mismo.

Y hay otra cosa más que tener en cuenta: nos han querido vender la idea (y la hemos comprado) de que nuestra infancia determina nuestro futuro. Y no es así. Nuestra infancia influye en nuestro futuro hasta cierto punto, pero no lo determina. Para nada. Nuestra infancia no es determinista. Te pongo un ejemplo muy gráfico: imagínate que, cuando nacemos, nos dan una baraja de cartas. A algunos nos tocan cartas mejores y a otros peores. ¿Quiere decir que los que tienen malas cartas van a tener sí o sí una vida horrible? No. Quiere decir que lo van a tener más complicado, que deberán luchar más, pero no han perdido la partida nada más empezarla. Y lo mismo pasa con los que reciben cartas buenísimas: a algunos les irá mejor, a otros peor y a otros fatal, pero su partida no está ganada de antemano. ¿Lo tienen más fácil? Puede que sí. Pero todo no está resuelto. Quiero dejar claro que con esto no estoy minimizando el dolor de nadie, ni lo mal que desgraciadamente lo pasan muchos niños durante su infancia. Solo estoy diciendo que nuestra infancia no determina el resto de nuestras vidas.

Hay tres cosas más que quiero decirte antes de que sigas leyendo. Una es que el libro está estructurado para que leas los capítulos en orden, pero también puedes ir directamente a aquellos que más te interesen. Al final de cada capítulo encontrarás un ejercicio para poner en práctica lo que has leído. Si te gustan este tipo de actividades, adelante. Si te espantan, pasa directamente al siguiente capítulo.

La segunda es que me refiero a padres, niños, e hijos. Ya sé que hay gente que pensará que no he utilizado un lenguaje inclusivo, pero lo hago así para que la lectura no se haga pesada. Si hablo de «padres», me estoy refiriendo a «padres y madres». Si quiero diferenciar entre padres y madres, los nombro de manera explícita. Y lo mismo con los niños o con los hijos.

Y, por último, escribo este libro con la única intención de que paremos y reflexionemos sobre nuestro papel como padres y para ofrecerte algunas herramientas que te sean útiles en la educación de tus hijos. Nada de lo que digo tiene la intención de juzgarte, hacerte sentirte mal o insinuar que no lo estás haciendo bien. Faltaría más. Los padres lo hacemos lo mejor que podemos con las herramientas de las que disponemos. Espero que disfrutes de la lectura, y si te ayuda en este complicado mundo de la paternidad y la maternidad, yo me doy más que por satisfecha.

Un abrazo,

Roma, 31 de agosto de 2025

1

¿Qué son los límites?

Cuando hablo con padres siempre me suelen hacer la misma pregunta: «¿Cómo puedo hacer para que mi hijo "salga bien"?». Ojalá tuviera una respuesta a esta cuestión, pero no la tengo, ni yo ni nadie. Nadie tiene la receta perfecta. Nadie puede asegurarte que, si haces esto y lo otro, tu niño «saldrá bien».

Lo que sí que sabemos es que hay dos elementos imprescindibles para conseguirlo: amor y límites. Sin amor y sin límites es muy complicado que un niño «salga bien». Ya me imagino lo que estás pensando: «De acuerdo, pero... ¿cuánto amor?, ¿cuántos límites?, ¿cómo pongo los límites?, ¿cómo sé cuándo me paso de duro o no llego?».

Empecemos por el principio.

El amor

Cuando me refiero al amor, quiero decir que es fundamental que nuestros hijos se sientan queridos. Fíjate que digo «que nuestros hijos se sientan queridos» y no «que queramos a nuestros hijos». Hago esta distinción porque no importa que tú quieras muchísimo a tu hijo si él no se siente querido. El amor a un hijo se demuestra de muchas maneras: estando presente, conociendo a sus amigos, interesándonos por su vida e involucrándole en la nuestra, valorando sus opiniones, diciéndole «te quiero» y abrazándole. Cada uno tenemos una manera diferente de demostrar amor a nuestros hijos. Algunos somos más cariñosos físicamente, otros más «secos» y a otros nos cuesta decir «te quiero». No importa el cómo, lo que importa es que tu hijo se sienta querido.

Hace unos años hice un estudio con una de mis estudiantes de la universidad. El estudio analizaba la relación entre la capacidad de los hijos para regular sus emociones y distintos aspectos de cómo habían sido educados. No te lo voy a explicar en detalle porque no me quiero desviar del tema que nos ocupa, pero sí quiero comentar contigo una de las conclusiones de este estudio. Les pedimos a unos trescientos padres y a sus hijos, que ya estaban en la universidad, que rellenaran por separado un cuestionario. Los padres debían decir cómo de cariñosos y controladores habían sido educando a sus hijos, y estos cómo de cariñosos y controladores consideraban que sus padres habían sido.

¿Qué conclusiones sacamos? En general, padres e hijos no estaban de acuerdo. Los segundos consideraban a sus padres menos cariñosos y más controladores de lo que sus padres decían ser. Esta no es una conclusión aislada. Hay bastantes investigaciones que concluyen que la visión que tienen los padres y los hijos sobre la crianza no coincide. Por decirlo de una manera sencilla, los padres nos juzgamos de una manera más benévola mientras que nuestros hijos son más duros al juzgarnos. Así que, de vez en cuando, es bueno preguntar a nuestros niños si se sienten queridos y cuidados, no vaya a ser que nos llevemos una sorpresa.

Alison Gopnik es una psicóloga cognitiva de enorme prestigio. Hace unos cuantos años publicó un libro llamado *¿Padres jardineros o padres carpinteros?* Lo recomiendo siempre porque ha influido mucho en mi trabajo y en cómo educo a mis hijos. Gopnik dice que hay dos tipos de padres.

Los padres carpintero son los que tienen una idea preconcebida de cómo quieren que sea su hijo, y como si estos fueran madera, los van tallando para que crezcan según esa idea. En el polo opuesto, están los padres jardinero. Estos no tratan de tallar a su hijo de acuerdo con una idea preconcebida, sino que abonan y riegan la base sobre la que crece su hijo para que se desarrolle fuerte, seguro y sea lo que él quiera ser. Gopnik defiende que los padres no tenemos que ser carpinteros, sino jardineros. Para ello, debemos crear un ambiente estable, sólido y consistente en el que nuestros hijos crezcan. Este ambiente se consigue con amor y límites. Hemos hablado del amor, hablemos ahora de límites.

Los límites son una muestra de amor

Los límites son la estructura que creamos alrededor de un niño desde donde puede explorar el mundo de una manera segura. Sin ellos, el niño se siente perdido, sobrepasado y poco querido.

Los límites no son un castigo, ni un signo de autoritarismo. Son una demostración de amor. De que el niño te importa. De que te preocupa su seguridad y su bienestar. Sería mucho más fácil para nosotros dejar que nuestro hijo haga lo que quiera, pero, como nos importa, estamos dispuestos a que se enfade, a que nos deje de hablar o a que llore desconsoladamente cuando no está de acuerdo con los límites que le ponemos.

A veces, los padres tenemos miedo de poner límites a nuestros hijos porque creemos que nos dejarán de querer. Esto les ocurre especialmente a los padres de adolescentes. Pero los niños, y sobre todo los adolescentes, suelen tomarse la falta de límites como una falta de amor: «Fíjate lo poco que les importa Paula a sus padres que no le ponen ni hora de llegada».

Los límites proporcionan estabilidad y seguridad

¿Te has preguntado alguna vez por qué los niños pequeños quieren que les cuentes el mismo cuento? Y, además, se lo tienes que contar siempre de la misma manera porque si no se enfadan. ¿Por qué? Porque les da seguridad.

Hay que pensar que, durante su infancia y adolescencia,

los niños se enfrentan a un mundo muy cambiante en el que tienen que absorber una cantidad de información impresionante. Deben aprender de todo: a controlar su cuerpo, a caminar, a hablar, a relacionarse, a regularse... Esto les supone un esfuerzo cognitivo, emocional y físico enorme. Por eso la rutina y lo predecible les encanta. Ya tienen bastante con todo lo que tienen que aprender como para que encima los padres nos dediquemos a cambiar los límites y las rutinas cada dos por tres. Por este motivo, es muy importante que, por ejemplo, los niños se bañen a la misma hora, sepan quién los recoge del colegio y quién va a estar en casa cuando se levanten por la mañana. Esto no quiere decir que en ocasiones especiales no podamos relajar las normas. Si tu hijo tiene como hora de irse a la cama las 21.30 y lo que más le gusta en el mundo es el fútbol, el día que su equipo juegue la semifinal de la Champions puedes dejar que se acueste más tarde. Los límites y las rutinas proporcionan seguridad y estabilidad. Y estas rutinas y estos límites las establecen los padres, no los niños.

Es imposible educar sin decir «no»

Con la moda de la crianza respetuosa impera la idea de que decir que «no» a los niños es negativo porque les frustra. Pues bien, es imposible educar sin decir que no. Simplemente no es una opción, no va a salir bien, no es una buena idea. Si no decimos «no» a nuestro hijo, nunca aprenderá a gestionar la frustración.

Es fundamental que los niños aprendan a gestionar la frustración. Tenemos que pensar que la sociedad en la que están creciendo nuestros hijos no les da oportunidades para frustrarse. Cuando yo era pequeña, te pasabas toda la semana esperando a ver la serie que te gustaba, y si ese día tus padres decidían que a esa hora tenías que hacer otra cosa, pues te quedabas sin serie. Esta y muchas otras situaciones parecidas nos daban la oportunidad de aprender a gestionar la frustración. ¿Qué pasa hoy? Nuestros hijos quieren ver una serie y la ven de un tirón en Netflix. Les apetece escuchar una canción y abren Spotify. Se aburren y cogen el móvil. Tienen antojo de comida china y piden a Glovo. No se les presentan oportunidades para frustrarse. Por eso es más importante que nunca nuestra labor como padres.

Estamos, además, en un momento en el que, en un intento de proteger a nuestros hijos, les queremos evitar cualquier tipo de sentimiento negativo, como, por ejemplo, la frustración. Los sentimientos negativos no siempre son un problema; es más, en muchas situaciones es lo que tenemos que sentir. Cuando mi hijo tiene un examen al día siguiente, lo normal es que tenga algo de ansiedad y de nervios. Es lo natural, y es bueno que se siente así porque le motiva a estudiar. No caigamos en el error de patologizar sentimientos que son perfectamente «normales» en un intento de proteger a nuestros hijos. Nos tenemos que dar cuenta de que hay una gran diferencia entre la protección y la sobreprotección. La sobreprotección lleva al fracaso. Nuestra misión como padres es darles a nuestros hijos las herramientas para que sepan gestionar la frustración, no eliminarla de sus vidas. Para esto hay que decir «no».

Un niño que nunca oye «no» en casa tendrá problemas en la escuela infantil cuando los otros niños no le den el juguete que quiere. Tendrá problemas en el colegio cuando el profesor no le deje salir de clase para beber agua. Tendrá problemas en el trabajo cuando se dé cuenta de que el universo no gira en torno a él y que, no hace bien su trabajo, le echan a la calle.

Es verdad que los niños, sobre todo los pequeños, escuchan «no» muchas veces al día: «No toques eso», «No te muevas», «No pegues a tu hermano». Hay niños que lo llevan mejor y otros que lo llevan peor. Esto es, en parte, porque cada uno de nosotros nacemos con nuestro propio temperamento, que es el origen de nuestra personalidad. Cuando decimos: «Este niño es buenísimo, solo come y duerme», nos estamos refiriendo a que tiene un temperamento fácil. Sin embargo, cuando decimos: «Mi hija lloraba muchísimo de bebé. Comía mal y dormía peor», nos referimos a que esa niña tenía un temperamento difícil. El temperamento de un niño influye en gran medida en cómo le educamos. Claramente, es mucho más fácil educar a un niño tranquilo y sonriente que a uno que se enfada 317 veces al día. Si tu hijo monta una escena cada vez que le dices que no a algo, sigue haciéndolo porque tiene que aprender, pero trata de elegir tus batallas para no convertir la casa en una permanente batalla campal. Decide qué es importante y qué puedes dejar pasar. También sé estratégico: si sabes que cada vez que pasáis por el pasillo de las galletas en el supermercado tu hijo se convierte en el muñeco diabólico, deja de comprar galletas o distráele justo al pasar por ahí.

¿De dónde vienen los límites?

Seguramente los límites que te ponían tus padres no eran los mismos que ponían sus padres a tus amigos. Y seguramente los que tú pones no coindicen siempre con los que ponen los padres de los amigos de tus hijos. ¿Por qué? Porque los límites son un reflejo de nuestros valores. Hay muchos valores: independencia, gratitud, honestidad, disciplina, generosidad, sinceridad... Por ejemplo, hay padres que priorizan la excelencia académica mientras que otros se conforman con que sus hijos aprueben. Hay padres a los que les parece fundamental que sus hijos hagan mucho deporte y a otros a los que les da totalmente igual. Los valores guían nuestro día y día, y también el tipo de educación que damos a nuestros hijos. Por eso es bueno que, si puedes, tengas hijos con alguien que comparta tus valores (si ya es tarde, ¡ánimo!). Hablaremos de ello más adelante.

A su vez, nuestros valores vienen de la educación que hemos recibido, de nuestra cultura, clase social, religión (si la tenemos) y de nuestras experiencias. Numerosos estudios demuestran que, desde muy muy pequeños, tenemos una compresión rudimentaria del bien y el mal. Por ejemplo, en uno de estos estudios, los investigadores mostraron a un grupo de bebés de cuatro meses y medio dos situaciones. En la primera, una marioneta ayudaba a otra. En la segunda, la marioneta le hacía daño. Los bebés preferían a la marioneta que ayudaba. A medida que van creciendo, los niños continúan aprendiendo a diferenciar el bien del mal, a la que vez van internalizando los valores de sus padres. Los niños que mejor los internalizan son los que tienen una buena relación con sus padres. Y también son niños que, cuando se equivocan o se portan mal, sus padres les explican por qué lo que han hecho está mal en vez de castigarles sin más explicación.

Pero no creas que los valores que aprendemos dependen solo de nuestros padres y del entorno. También influye nuestro temperamento. Hay niños que son más influenciables por su entorno, mientras que otros son menos permeables. Por eso algunos niños gestionan muy mal que su padre o un profesor les regañe mientras que a otros parece que les entra por un oído y les sale por el otro.

No es lo mismo poner límites que ser un controlador

Muchos padres piensan que poner límites al niño es sinónimo de control o de autoritarismo, pero no es así.

El padre controlador es el que ejerce control psicológico o control del comportamiento sobre su hijo. El padre que actúa de ese modo hace sentirse a su hijo culpable y avergonzado. Dice cosas como: «Te has portado mal, ya no te quiero», «Qué mal me lo has hecho pasar en la reunión del colegio, qué vergüenza tener una hija que saca esas notas», o «Sí, sí, vete con tus amigos, total, ya me quedo yo aquí sola».

El padre que controla a su hijo a través de su comportamiento es el que, por ejemplo, *trackea* el móvil de su hija de diecisiete años sin que ella lo sepa. El que pone unos castigos desproporcionados («Has llegado tarde esta noche, así que te quedas sin salir cinco meses»). O el que decide por su hijo adolescente las actividades extraescolares que va a hacer ese curso.

En general, a los niños cuyos padres les controlan en exceso les suele ir peor y presentan más posibilidades de padecer problemas de autoestima y de salud mental. No queremos ser padres controladores, queremos ser padres que ponen límites y que monitorizan a sus hijos. Cuando en nuestra casa hay unos límites claros, debemos controlar menos a nuestros hijos porque saben «dónde se mueven». Si mi hijo adolescente sabe que los viernes y sábados tiene que estar en casa a las doce de la noche y que entre semana no se sale, y además entiende el porqué, es más probable que se mueva dentro de esos límites y que no se le ocurra irse a tomar una cerveza un miércoles por la tarde.

Es importante que el niño, dependiendo de su edad, entienda el motivo de los límites. Estos no deben ser aleatorios, sino que han de tener un sentido. Si quieres que tu hijo se acueste temprano, es porque tiene que dormir para poder rendir en el colegio. Si pretendemos que prepare su ropa y su mochila antes de acostarse, es para que las mañanas sean más tranquilas y salga de casa con la «cabeza organizada». Y si queremos que haga la cama, es porque es una cuestión de disciplina y de tener la casa en orden.

Cuando el niño entiende el porqué de los límites, es

más probable que los siga. En psicología, nos referimos a que el niño tiene que internalizar el límite. Debe hacerlo suyo. Yo a mis hijos les digo que los límites que tenemos en casa no son para fastidiarlos. Yo no me levanto por las mañanas pensando cómo aguarles el día. Pongo los límites porque es mi obligación como madre, porque los quiero y deseo lo mejor para ellos.

Así que no confundamos ser autoritarios con poner límites. Para poner ciertos cotos no hace falta gritar, amenazar ni pegar. Estos se consiguen con el ejemplo y se ponen en práctica hablando con el niño y explicándole (obviamente, dependiendo de su edad) por qué debemos aplicarlos. Si no ponemos límites, no estamos ejerciendo de padres, sino haciéndoles un flaco favor a nuestros hijos.

Los límites no eliminan la verdadera personalidad de tu hijo

En ningún caso los límites eliminan la personalidad de los niños. Es, más bien, todo lo contrario. Con unos límites claros, tu hijo se sentirá más seguro y querido, y es más probable que su personalidad pueda brillar y desarrollar todo su potencial.

Los límites no son un castigo

Muchas veces creemos que establecer un límite es poner un castigo: «Como no dejo a mi hijo llegar más tarde de las doce, le estoy castigando». No, no le estás castigando. Le estás diciendo que, en función de la edad que tiene y de su nivel de madurez, crees que lo mejor para él es estar en casa a las doce. A veces también pensamos: «¿Por qué no le permito llegar más tarde, si es un niño bueno, obediente y saca buenas notas?». Lo cierto es que una cosa no tiene nada que ver con la otra, y el hecho de que tu hijo sea bueno y haga todo lo que se espera de él no quiere decir que puede hacer lo que quiera, ni que le vaya a ir bien sin unos límites claros.

2

¿Por qué importan los límites?

Los límites son la base de la relación con nuestros hijos

La relación entre padres e hijos no está basada en la igualdad porque nosotros somos las figuras de autoridad encargadas de guiarlos. Las relaciones que sí están basadas en la igualdad son las que tienen nuestros hijos con sus amigos. Tenemos que asumir que no somos amigos de nuestros hijos. Nuestros hijos tendrán muchos amigos, pero solo unos padres, y tenemos que ejercer como tales. Si no lo hacemos, nos podemos encontrar con dos problemas.

El primero es que, si no educamos, nuestro hijo puede llegar a la conclusión de que no hay nadie al mando de la familia. Y si no hay nadie al mando, ¿qué pueden hacer?

Tomar ellos el control. Y esto no es bueno. Si un niño se acostumbra a mandar en casa, querrá hacer lo mismo en otros ámbitos de su vida, y eso acabará por ser perjudicial.

El segundo problema es que muchas veces, cuando no tomamos el mando de la educación de nuestro hijo, podemos hacer que cargue con responsabilidades que no le corresponden. Hay familias que defienden que su casa es una democracia y que las decisiones se toman entre todos. Esto en principio parece una idea estupenda, pero puede tener consecuencias negativas. Le puedes preguntar a tu hijo de diez años si de postre prefiere un plátano o un yogur, pero no le puedes dejar decidir a qué colegio ir o a qué hora se quiere acostar porque sencillamente no está preparado para ello. Cuando los niños se encuentran con la libertad de tomar decisiones que no les corresponden, muchas veces se ahogan, no saben qué hacer. Y es que no tienen las herramientas necesarias para tomar ciertas decisiones. Es como si vamos en un avión y el comandante se encuentra con un problema y nos pregunta a los pasajeros cómo solucionarlo. No solo no tendríamos ni idea, sino que le diríamos que él es el comandante y su responsabilidad es saber qué hacer.

En marzo de 2025 leí una noticia al respecto en el periódico *The Times*. Por darte un poco de contexto, en 2024 el Gobierno inglés dictaminó que las familias que mandaban a sus hijos a colegios privados debían empezar a pagar el 20 por ciento de IVA. Hasta entonces estos centros estaban exentos de este impuesto. La decisión hizo que muchos padres no pudieran seguir pagando el colegio y mandaran a sus hijos al sistema público. Pues bien, la noticia contaba la historia de una niña de trece años. Sus padres no podían seguir pagando su educación privada, así que le pidieron que decidiera ella entre vender la casa y seguir estudiando en su colegio de siempre o cambiarse a otro público. La niña relata cómo entre lágrimas y grandes dosis de ansiedad al final decidió cambiar de centro. Y yo me pregunto: ¿realmente le corresponde a una niña de trece años tomar una decisión que afecta a toda su familia? ¿No es una decisión que deberían tomar los padres? En mi opinión, les corresponde a ellos, y, una vez tomada, deben explicársela a su hija para que la entienda. Hagamos partícipes a los niños de nuestras decisiones, pero no les carguemos con la responsabilidad de tomarlas ellos a una edad a la que no están preparados. Como padres, tenemos que tomar el timón de nuestra familia. Y esto no quiere decir que seamos autoritarios. Quiere decir que estamos ejerciendo de padres.

Es verdad que hay veces que es difícil establecer cuánto poder de decisión le podemos dar a nuestro hijo, porque no estamos seguros de su nivel de madurez. Por este motivo muchos padres me hacen preguntas como: «Me voy a divorciar, ¿debo decirles a mis hijos que su padre me ha engañado con otra mujer?», ¿A qué edad puede mi hijo ir solo al colegio?» o «Mi hija de diecisiete años se quiere hacer un tatuaje, ¿le dejo?». Estas preguntas están motivadas, en parte, por el desconocimiento de la psicología infantil. Es por ello que yo abogo por que los padres debemos contar con información de calidad sobre la crianza. Cuando entendemos bien el proceso de desarrollo de un niño, es posible ajustar mucho mejor lo que le exigimos, lo que le damos y lo que esperamos de él. Esto es bueno para nosotros porque nos da seguridad, y para nuestros hijos porque nos ajustamos mejor a sus necesidades.

Los límites enseñan a los niños a funcionar en el mundo

Cuando nacen, los niños evidentemente no saben nada sobre cómo funciona el mundo al que llegan. Dependen de los padres. Somos nosotros los que tenemos la obligación de educarlos en valores, de proporcionarles herramientas y conocimiento, de enseñarles a ser respetuosos y buenas personas, para que puedan funcionar en la cultura en la que viven. Los padres somos los primeros socializadores de los niños.

A medida que crecen otros adultos importantes en sus vidas, como sus abuelos, profesores, entrenadores o tíos, también influyen en su educación. Hablaremos de ellos en el capítulo 9.

A través de los límites, los niños aprenden lo que pueden y no pueden hacer. Cuando yo pongo a mi hijo un límite físico como, por ejemplo, «No puedes tocar la llama de la vela porque te quemarás y te dolerá», aprende que el fuego es peligroso. Si yo le digo que no puede pegarme, le estoy enseñando que pegar está mal y que, además, soy su madre y me tiene que respetar. A través de los límites, los niños aprenden unas pautas claras de comportamiento.

Los límites ayudan a los niños a autorregularse

La autorregulación se refiere a saber responder a nuestras propias emociones y a las de los demás de una manera adecuada. Los niños que saben regularse no actúan impulsivamente. Tienen las herramientas necesarias para adaptarse a lo que les vaya pasando. Un niño que sabe regularse no le da un manotazo a su hermano cuando discuten; consuela a su amigo cuando le ha regañado el profesor y es capaz de prestar atención en clase.

Te diría que la capacidad de regularnos es la habilidad más importante para que nos vaya bien en la vida. Hay muchísimas investigaciones que muestran cómo a los niños que son capaces de autorregularse les va mejor en el colegio, tienen más amigos, son más populares en su grupo de amistades y suelen ayudar a los demás. Como te puedes imaginar, también les va mejor a los adultos que tienen esta capacidad.

Los niños no nacen sabiendo regularse. Necesitan a sus padres. Por ello, un bebé solo se calma cuando su madre le acuna (a este proceso se le llama corregulación). Con el tiempo, los niños aprenden a regularse ellos solos. Y lo hacen sobre todo de tres maneras:

- La primera es observando cómo se regulan sus padres. Si cada vez que me enfado pierdo los papeles y me pongo a gritar, mi hijo aprenderá que eso es lo que hay que hacer en esos casos. Si, por el contrario, cuando me enfado cuento hasta diez antes de hablar y después dialogo tranquilamente, eso es lo que pensará mi hijo que hay que hacer.
- La segunda es que los padres enseñen a sus hijos a regularse. Por ejemplo, diciéndoles algo parecido a: «Ya veo que le has soltado un tortazo a tu hermano porque te has enfadado. Sabes que pegar está mal. En lugar de pegarle, ¿qué podrías haber hecho? Podrías haberte ido de la habitación o podrías haber contado hasta diez para relajarte, o también podrías haberle dicho que estás muy enfadado». En este caso, es importante que el padre le dé a su hijo alternativas al bofetón. Muchas veces el niño actúa de tal modo porque es el único recurso que tiene para sobrellevar su enfado. Si le decimos que no puede pegar, pero no le decimos qué otras cosas puede hacer en su lugar, le estamos privando de herramientas para regularse.

- La tercera es a través de los límites. Los padres que no establecen límites suelen ser los que en psicología llamamos «padres permisivos». Estos padres les dan amor a sus hijos, pero no les ponen límites ni esperan que sean capaces de autorregularse. Evitan el conflicto y no guían a sus hijos. Tampoco tienen una disciplina clara. Un día castigan al niño sin iPad durante un mes por contestar mal a su madre, y la siguiente vez que lo hace no pasa nada. Los hijos de padres permisivos suelen sacar notas más bajas, se portan peor en el colegio y tienen un menor nivel de competencia emocional. Tienen también más riesgo de padecer problemas de salud mental, de autolesionarse y de engancharse a las drogas o al alcohol. ¿Por qué? Porque viven en un mundo que no es claro. No saben a qué atenerse. No hay nada ni nadie que les ayude a regular sus pensamientos, sus emociones o sus comportamientos. Como consecuencia, los niños suelen ser más impulsivos. Y la impulsividad no es una buena compañera de vida.

Los límites nos ayudan en nuestras relaciones sociales

Las relaciones sociales son fundamentales en nuestra vida. Somos animales sociales, necesitamos a la gente. Necesitamos querer y sentirnos queridos. Y esto es patente desde el momento en que nace un bebé, al preferir mirar el rostro de una persona que a cualquier otra cosa. Según van creciendo, los niños se benefician más de las interacciones con personas que con cualquier tipo de pantalla.

El estudio longitudinal de Harvard lleva desde 1938 tratando de entender qué nos hace felices. ¿La conclusión? Las relaciones sociales de calidad. La gente que tiene buenos amigos, que se siente querida y tiene a quien querer, goza de mejor salud mental y también de mejor salud física.

Sabemos que los niños que crecen con límites suelen ser capaces de autorregularse y, asimismo, los que se regulan bien suelen tener mejores relaciones sociales. ¿Por qué? Porque habitualmente son niños más empáticos y con más habilidad para ponerse en el lugar del otro. En general, a los niños les gusta estar con niños que ayudan a otras personas, que saben controlar sus enfados y sus envidias, que respetan los turnos y que no interrumpen los juegos. Todo esto lo consiguen aquellos que son capaces de autorregularse. Y los límites les ayudan a conseguirlo.

3

¿Les faltan realmente límites a los niños de hoy?

La crianza en los años veinte del siglo XXI

Yo no soy de las que piensan que todo tiempo pasado fue mejor. Que los niños de hoy son todos unos malcriados. Y que los jóvenes son todos unos blandos. Para nada. Creo que, a lo largo de la historia, los niños y los jóvenes han ido cambiando según ha ido cambiando la sociedad en la que han crecido. En psicología hablamos de las cohortes. Una cohorte es un grupo de personas que tiene más o menos la misma edad. Tenemos la cohorte que creció en los setenta, en los ochenta, en los noventa... Cada una crece bajo unas circunstancias diferentes, por eso no tiene mucho sentido comparar a un niño que está creciendo actualmente con los niños que crecieron en los ochenta. De modo que no le encuentro mucho sentido al discurso de que todo tiempo pasado fue mejor. Considero que no fue ni mejor ni peor, tan solo fue diferente. Así que analicemos ahora las circunstancias en las que están creciendo nuestros niños y aquellas en las que estamos educando los padres para entender si realmente a los niños de hoy en día les faltan límites y, si es así, por qué.

¿CUÁLES SON LAS CIRCUNSTANCIAS DE LOS NIÑOS ACTUALES?

Viven en familias pequeñas. Con la incorporación de la mujer al mundo laboral, y con la capacidad de controlar el número de hijos que tenemos y cuándo los tenemos, las mujeres tenemos menos hijos y más tarde. Esto hace que haya más hijos únicos que nunca. Déjame decirte, por si alguna vez te lo has planteado, que en general no hay diferencias entre hijos únicos e hijos con hermanos. No hay ninguna evidencia que diga que los primeros son raros, caprichosos o malcriados. Ninguna. Estos prejuicios contra el hijo único vienen, sobre todo, de que hace años no tener hermanos era inusual. Teniendo en cuenta que, en España, en la actualidad más o menos la mitad de las familias con hijos tienen solo uno, ser hijo único es todo menos inusual.

Viven con un solo progenitor. Con la llegada del divorcio y de la reproducción asistida, hay muchos más niños que nunca viviendo con un solo progenitor. Alrededor del 10 por ciento de las familias españolas hoy en día son monoparentales, y de estas, la gran mayoría (81,4 por ciento) están encabezadas por mujeres. No suele haber diferencias entre los niños que viven solo con una madre y los que lo hacen solo con un padre, con un padre y una madre, o con dos padres del mismo sexo. Y es que lo que influye en el desarrollo de un niño no es la composición de su familia, sino la calidad de las relaciones entre sus miembros. Sí que es cierto que los progenitores en familias monoparentales suelen tener más estrés porque tienen menos apoyos y les suele resultar más difícil llegar a todo. Este estrés normalmente es más acusado en el caso de las madres solas porque suelen tener sueldos más bajos y mayor precariedad laboral. Esto es un problema porque, en general, el estrés y la crianza no son buenas compañeras. Hablaremos sobre esto más adelante.

Viven lejos del resto de su familia. Antiguamente, las familias vivían juntas o muy cerca. Los niños se criaban con sus abuelos, tíos, primos, vecinos y con amigos de toda la vida. Hoy en día esto cada vez es más raro porque nos mudamos más por trabajo, por querer mejorar nuestra calidad de vida o por otros motivos.

Están sometidos a más presión. Vivimos en un momento de gran incertidumbre política, económica y social, y en sociedades con grandes desigualdades. En general, a mayor incertidumbre y desigualdad, más presión ejercen los padres sobre sus hijos. ¿Por qué? Porque no quieren que se queden atrás. Cuanta mayor desigualdad, más empeño ponen los padres en que sus hijos saquen buenas notas, vayan a las mejores universidades, hagan prácticas en las empresas más punteras y dominen varios idiomas. Por este motivo, hay muchos más «padres helicóptero» (padres demasiado involucrados y que presionan mucho a sus hijos) en países con grandes desigualdades sociales, como Estados Unidos, que en países más igualitarios, como Noruega o Alemania.

La tecnología forma parte de sus vidas. Esta es una de las grandes diferencias entre los niños actuales y los de generaciones anteriores. La tecnología, que tantos quebraderos de cabeza da a los padres y tanto debate genera, forma parte integral de la vida de nuestros hijos. Hablaremos de las pantallas en el capítulo 9.

Van a vivir muchos muchos años. Nuestros hijos vivirán más que ninguna otra generación hasta ahora. Y esto conlleva cambios importantes. Hasta principios de la década de 1900, la adolescencia no existía. De la infancia se pasaba a la edad adulta, con todas las responsabilidades que eso conlleva. Ahora, la adolescencia es más larga, e incluso de la adolescencia no se pasa directamente a la vida adulta, sino que existe una fase intermedia: la «juventud extendida». Muchos jóvenes estudian más años que generaciones anteriores y viven con sus padres hasta más tarde. Decisiones vitales, como formar una familia, se retrasan.

Juegan menos y viven más protegidos. Nuestros niños juegan poco. Sobre todo, juegan poco de manera no estructurada y al aire libre. Y esto no es bueno para ellos. No es bueno porque el juego es parte fundamental del desarrollo. Durante el juego, los niños desarrollan sus capacidades sociales, cognitivas y motrices. Por algo el juego se ha definido como «el trabajo del niño». Hay varios motivos por los que nuestros niños juegan menos. Uno es que carecen de tiempo. Entre el colegio y las extraescolares, tienen unas jornadas largas y agotadoras que no les dejan tiempo para jugar. El segundo motivo es que, como vivimos en una sociedad obsesionada con la productividad, muchos padres creen que si el niño no está haciendo algo (este «algo» tiene que ser algo productivo), está perdiendo el tiempo. Pues no, jugar e incluso aburrirse no es perder el tiempo. Es necesario. El tercer motivo por el que los niños juegan menos es la preocupación que tenemos por la seguridad. Hace años los hijos jugaban en la calle sin ningún tipo de supervisión. Los padres estaban tranquilos porque sabían que, si se metían en un lío, algún vecino o familiar los vería y les regañaría. Ahora los padres tenemos miedo: miedo a un secuestro, miedo a los coches, miedo porque no conocemos a nuestros vecinos, miedo a perder a nuestros hijos de vista, aunque sea un minuto. Sin embargo, la realidad es que la gran mayoría de los países en Occidente son hoy más seguros que nunca y los delitos contra los niños han disminuido drásticamente.

¿Cuáles son las circunstancias de los padres en la actualidad?

Como ya hemos mencionado antes, los padres no educamos en un vacío. Cómo educamos a nuestros hijos depende de muchos factores. Depende de cómo nos educaron a nosotros, de nuestros valores, de nuestra situación económica, social y afectiva, de nuestra cultura, de la situación política, de nuestra personalidad y de la de nuestros hijos...

Veamos cuáles son las circunstancias de los padres de hoy.

Elegimos tener hijos. Los padres de hoy en día elegimos tener hijos. Y como elegimos tenerlos, queremos hacerlo bien. O, mejor dicho, «tenemos» que hacerlo bien, porque si no lo hacemos bien, habremos fracasado.

Invertimos mucho en nuestros hijos. Como queremos hacerlo bien, invertimos mucho en nuestros hijos. Muchísimo. Invertimos tiempo, amor, energía y dinero. Por ponerte un ejemplo, los padres actualmente pasamos el doble de tiempo con nuestros hijos que los padres de hace cincuenta años. Este es incluso el caso de los padres que trabajan fuera de casa. Los niños se han convertido en el centro de nuestras vidas. Y, aun así, la culpabilidad es un sentimiento muy común entre los padres porque pensamos que lo podemos hacer mejor.

Queremos educar de manera diferente a como nos educaron. Los padres de hoy en día quieren educar de manera diferente a como les educaron a ellos. Muchos proceden de familias autoritarias. Familias en las que se hacía lo que decían los padres sin rechistar, en las que se daba un tortazo porque «Este niño lo que necesita es un buen tortazo», y donde no había que llorar porque «Si quieres llorar, te voy a dar yo motivos para llorar». Los padres actualmente no quieren educar así, y en su afán por hacerlo de otra manera, muchos se han ido al otro extremo, al de la permisividad. Y como en casi todo en la vida, los extremos no son buenos.

Nos sentimos juzgados. En este mundo de la hiperconectividad, tenemos todo el día a una *influencer* o al experto de turno diciéndonos si estamos educando bien o mal. En Instagram vemos diariamente cómo las madres *influencers* tienen la casa perfecta, con unos hijos perfectamente vestidos, mientras hornean pan y comen alimentos orgánicos y sin gluten. Además, tienen una carrera profesional brillante, van al gimnasio, no se pierden un partido de fútbol ni una función escolar, ayudan en la tómbola del colegio y llevan el pelo perfecto. Y todo esto sin levantar jamás la voz, quejarse o perder los papeles. ¡Es agotador! Y luego nos extrañamos de que la «madre real» se siente juzgada y fracasada. Una encuesta reciente concluyó que el 86,5 por ciento de los padres en España sienten que deben ser perfectos. Sentirse así no es bueno porque nos hace dudar de nuestra capacidad para criar a nuestros hijos.

Nos sentimos solos. Como ya hemos mencionado, con las familias viviendo más lejos y siendo más pequeñas, los padres han perdido su tribu. Esta circunstancia es, en parte, responsable de la epidemia de soledad que vivimos y de lo solos que se sienten muchos padres. El dicho de «Hace falta un pueblo para criar a un hijo» no puede tener más razón. La soledad no es buena compañera en la crianza. Nos hace ser más vulnerables a tener problemas de salud mental. Y a nuestros hijos también.

¿Y TODO ESTO A DÓNDE NOS HA LLEVADO?

De la crianza centrada en los progenitores a la crianza centrada en el niño. Hace años el modelo de crianza estaba centrado en los padres. El niño debía adaptarse a la vida de estos y hacer lo que se le decía. Ahora, el modelo de crianza está centrado en el niño. Todo gira alrededor del niño. Los padres cambian sus horarios, dejan de tener *hobbies* y ven menos a sus amigos porque anteponen las necesidades de sus hijos a las suyas. Las fiestas de cumpleaños cuestan una fortuna y las primeras comuniones parecen bodas. Si te pierdes un partido de fútbol a las ocho de la mañana del sábado, eres un padre nefasto. Por supuesto, tienes que saber qué está estudiando tu hijo en cada asignatura y ¡ay de ti como se te olvide que mañana el niño tiene que ir vestido de oso panda al colegio! El hijo es el centro de todo. Y todo es poco para el niño.

¿Cuál es el problema? Si mi hijo es el centro de todo, irremediablemente voy a eliminar límites. No le digo que me viene mal llevarle a una fiesta de cumpleaños, él decide qué ver en la tele, aunque esa noche juegue mi equipo, y le dejo decidir qué cenar cada noche.

A mi hijo le van faltando límites.

De ser padres al *parenting*. Hace años conocí a una chica en una cena. Cuando le pregunté a qué se dedicaba, me dijo: «Soy madre a tiempo completo». Su respuesta me dio que pensar, porque si ella era madre a tiempo completo, ¿quiere decir que las madres que trabajan fuera de casa son madres a tiempo parcial? Lo que esta madre hizo fue definir la maternidad como un trabajo. Esta es la idea del *parenting* que apareció en los años setenta y cambió la manera en la que entendemos la crianza. Hasta entonces, la crianza se había definido como una relación entre un padre y un hijo. Los padres tenían hijos, pero no se les catalogaba como buenos o malos padres dependiendo de cómo les fuera a sus hijos en la vida. Con la idea del *parenting*, ser padres pasó a considerarse un trabajo. Y si es un trabajo, quiere decir que a final de año tenemos que presentar la cuenta de resultados. ¿Y cuál es nuestra cuenta de resultados? Nuestro hijo.

¿Cuál es el problema? Si somos buenos o malos padres en función del éxito de nuestros hijos, queriendo o sin querer, les vamos a meter más presión y a involucrarnos demasiado en su día a día. De ahí que en la puerta del colegio se oyen muchas frases entre los padres del tipo: «Tenemos que estudiar para el examen de Matemáticas» o «Hemos ganado el partido de baloncesto». Y claro, si mi hijo y yo nos estamos sacando el bachillerato juntos, los límites entre su responsabilidad y la mía se diluyen. Su responsabilidad por lo que ha hecho bien o mal se diluye.

A mi hijo le van faltando límites.

Del modelo autoritario a los nuevos modelos de crianza. En estos nuevos modelos tenemos el «Mi hijo es mi mejor amigo». No, tu hijo no es tu mejor amigo. Ni el mejor ni el peor. Tu hijo no puede ser tu amigo. Tu hijo tendrá muchos amigos, pero solo tiene unos padres. Y los padres tenemos que ejercer como tales. Cuando somos amigos de nuestros hijos dejamos de ponerles límites. Y como ya hemos visto, esto no es bueno para ellos.

Otro nuevo modelo es la crianza respetuosa. Este modelo cuenta con millones de seguidores desde que se hizo viral en las redes sociales después de ser acuñado en 2015 por Sarah Ockwell-Smith. Por contártelo de manera resumida, este modelo de crianza se basa en el respeto y en la igualdad entre padres e hijos. Los padres no imponen nada a sus hijos, sino que se dejan guiar por ellos. Se da mucha importancia a validar las emociones del niño y no se utilizan castigos, sino que se busca comprender por qué el niño actúa como actúa en cada momento. No soy gran fan de este modelo de crianza.

Hay aspectos con los que estoy de acuerdo como, por ejemplo, en educar sin golpes. El problema, en mi opinión, es que se centra tanto en los niños que pone muchísima presión sobre los padres y corren el riesgo de quemarse. Además, si mi única herramienta para disciplinar a mi hijo es hablar con él, ¿qué hago cuando le he pedido treinta y tres veces que se ponga los zapatos para ir al colegio y no se los pone?

¿Cuál es el problema? Los nuevos modelos de crianza parecen difuminar la base de la relación padre e hijo. La base de esta relación es que los padres guían y educan al niño. Por supuesto que tenemos que escuchar a nuestros hijos y establecer una relación cercana y de confianza con ellos, pero no a costa de claudicar de nuestra autoridad como padres.

Todas estas circunstancias sugieren que a los niños de hoy sí les faltan límites o que, al menos, son más vulnerables a la falta de ellos. Y no es porque los padres de hoy en día no seamos buenos padres. Lo hacemos lo mejor que podemos y sabemos, con las herramientas que tenemos y las circunstancias en las que vivimos.

4

Límites durante la crianza

Muchos padres se preguntan desde cuándo hay que poner límites. Y también cómo ponerlos a medida que nuestros hijos van creciendo. Vamos a verlo paso a paso.

Límites desde el principio

Los límites se ponen desde el principio.

A un bebé empezamos a ponerle límites manteniendo una estructura, una rutina y dándole estabilidad. Cuando el bebé va ganando movilidad, empezamos a establecer límites de manera más explícita. Al niño de cinco meses que tira a su madre del pelo, al de nueve meses que gatea y se empeña en meter los dedos en el enchufe o al que ya anda y decide beberse el bote de champú hay que guiarlos para que comiencen a aprender lo que pueden hacer y lo que no. A esas edades nos centramos fundamentalmente en poner límites para proteger su integridad física.

A un bebé de cinco meses no vale para nada explicarle por qué no es buena idea beberse el bote de champú, pero sí hay estrategias con las que le podemos enseñar lo que puede y no puede hacer. Además, con un poco de suerte, con estas estrategias conseguiremos que no se coja un berrinche. Porque, claro, hay maneras y maneras de poner límites. Es probable que, si a mi hijo de cinco meses le quito el bote de champú de las manos, se ponga como una fiera, pero si le distraigo antes de que consiga cogerlo, igual nos ahorramos una llantina.

¿QUÉ ESTRATEGIAS SON?

Adelántate. A estas edades es importante actuar antes de tiempo. Si ves que tu hijo se encamina raudo hacia el enchufe, llévatelo antes de que llegue o pon protectores en los enchufes.

Distráele. Si quieres que no haga algo o que suelte algún objeto que ha cogido, ofrécele una alternativa más apetecible. Hazle cosquillas o juega con él. Hazle reír.

No reacciones de manera exagerada. Si cada vez que te tira del pelo tu bebé de cinco meses tú gritas, y además le haces cosquillas para que te lo suelte, te garantizo que lo volverá a hacer porque estás reforzando ese comportamiento. Es mejor que, sin decir nada o diciéndole tranquilamente «Eso no se hace», le retires la mano y se la coloques sobre un juguete. Piensa que lo que más quieren los niños es nuestra atención. Grandes reacciones refuerzan su comportamiento. Lo volverá a hacer.

Sé realista. Hay veces que, cuando los niños tienen dos o tres años, los padres creen que estos son difíciles o que se portan muy mal, cuando en realidad se portan de manera totalmente normal para su edad. El problema no es del niño, el problema es que el padre tiene unas expectativas que no son realistas. Por ejemplo, muchas veces los padres creen que un niño que no para de tirar la comida al suelo lo hace para fastidiarles. En realidad, el niño está probando. Está probando qué pasa si tira la zanahoria: ¿se quedará en el suelo o volverá?, ¿hará una mancha?, ¿cómo reaccionará mi madre?, ¿se enfadará? El niño es como un pequeño científico que va probando y probando, para descubrir cómo funcionan las cosas. El problema no es el niño, sino el padre, que no sabe que ese es un comportamiento habitual en los niños de esa edad.

Por esto, yo creo que es importante que los padres tengamos conocimientos sobre desarrollo infantil. No digo que tengamos que hacer todos un máster en psicología infantil, pero sí saber qué podemos esperar a cada edad porque nos ayuda a criar a nuestros hijos con más confianza y a ajustar nuestras expectativas. Esto es bueno para nosotros y también para nuestro niño.

También es importante tener en cuenta que hay que tratar al niño de acuerdo con la edad que tiene y no de acuerdo con la edad que aparenta. ¿Por qué digo esto? Porque los niños, hoy en día, llegan a la pubertad dos años antes que la generación de sus padres. Con lo cual es muy fácil creer que son más mayores de lo que en realidad son, y exigirles más de lo que son capaces de dar. Cuando una niña de diez años parece que tiene catorce, podemos acabar exigiéndole más de la cuenta. Esto no es justo para ella. Y lo mismo puede pasar con niños más pequeños. El hijo de una amiga mía era altísimo cuando nació, y toda la vida continúo siéndolo comparado con los niños de su edad. Por ello, sus padres debían tener siempre en mente que había que tratarle como a un niño de la edad que realmente tenía, y no por la que aparentaba. La apariencia física no siempre va de la mano de la edad cronológica o de la madurez del niño.

LÍMITES EN LOS TERRIBLES DOS

Los dos años tienen una fama horrible. Se supone que los niños entre más o menos los dieciocho meses y los tres años se convierten en pequeños «monstruos». Pero ¿sabes una cosa? Los estudios realmente no demuestran con claridad que los niños se portan peor a esta edad. Lo que ocurre es que los niños a esta edad tienen mucha más movilidad y reclaman más independencia. Además, tienen muy poca capacidad de regular sus emociones, con lo cual suelen mostrarlas de una manera, digamos, evidente.

Sí que es verdad que durante esta etapa muchos niños tienen las temidas pataletas o rabietas. ¿A quién no le ha pasado que su hijo decide tener la madre de todas las rabietas en el pasillo de los lácteos del supermercado cuando no le compras las natillas que ha visto, mientras que el resto de los clientes te miran como si fueras el peor padre del mundo y tú solo quieres que se abra la tierra y te trague a ti, al niño, al resto de los clientes o, mejor aún, al supermercado entero?

Hay muchas estrategias diferentes para gestionar las rabietas. En mi experiencia, la mejor es asegurarte de que el niño no se va a hacer daño, alejarte un poco sin perderle de vista y esperar a que se le pase. Cuando se le pase, le secas las lágrimas y a otra cosa.

¿Por qué no intentar parar la rabieta? Por dos motivos. El primero, que cuando la rabieta ya ha empezado es imposible pararla. El niño no razona y no te va a hacer caso. El segundo, porque si le haces caso durante la rabieta o le das lo que quiere para que se calle, estás reforzando su comportamiento. Le estás diciendo al niño que, si se pone como una fiera, consigue lo que quiere. Grave error. Hay que darle el mensaje de que se ponga como se ponga la respuesta sigue siendo «no».

Esta fase puede ser frustrante y cansada para nosotros, pero tenemos que pensar que el niño no se pone así para fastidiarnos. Se pone así porque es la única manera en la que sabe cómo gestionar su frustración ante el «no» que le acabamos de dar. No es agradable ver a nuestro hijo darse golpes y quedarse dormido porque está agotado de tanto llorar, pero no podemos caer en la tentación de decirle que sí a todo para evitar la rabieta. La rabieta es un comportamiento completamente normal y pasará.

Hay niños que tienen muchas rabietas mientras que otros prácticamente no tienen ninguna. Esto se debe en parte a su temperamento, porque, como ya hemos dicho, hay niños más fáciles que otros. Y también puede deberse a cómo las gestionamos los padres. Si tienes un niño que tiene muchas rabietas: elige tus batallas, intenta adelantarte para evitarlas y no claudiques.

Un tema que es controvertido durante esta etapa es el del «rincón de pensar», que básicamente es lo que antes era ponernos «cara a la pared», solo que ahora le decimos al niño que reflexione sobre lo que ha hecho. En mi opinión y la de muchos educadores, esta táctica no vale para nada. ¿De verdad creemos que un niño de dos o tres años, que además está llorando, puede reflexionar sobre lo que ha hecho? No tiene capacidad para reflexionar y menos cuando está llorando angustiado. Lo único que hacemos poniéndole en el rincón de pensar es aislarle, y lo único que va a hacer él es reconcomerse en su enfado y sentirse solo.

LÍMITES EN LA ETAPA ESCOLAR

Durante estos años los niños continúan desarrollando sus capacidades cognitivas, sociales y emocionales. Empiezan a definir su personalidad y sus gustos, a desarrollar sus aptitudes y a elegir a sus amigos. Su pensamiento y comportamiento se van sofisticando. Por eso, tenemos que usar otras estrategias para poner límites.

Demuestra seguridad. Como hemos dicho antes, es importante que tu hijo entienda que tú eres el piloto de tu familia y que sabes lo que haces. Establece unas normas claras. Esto no quiere decir que seas autoritario o que debas gritar para imponerte; es sencillamente guiar a tu hijo con seguridad y claridad. No tengas miedo a tomar decisiones. Muchas veces en la crianza no hay decisiones correctas o incorrectas. Depende de ti, de tus valores y de cómo veas a tu hijo. Últimamente, varios padres de adolescentes me han preguntado si deberían dejar que su hijo se haga un tatuaje o no. Pues... en realidad, para esa pregunta no hace falta un psicólogo, porque es una decisión que depende tan solo de tus valores. Como padres nos toca tomar decisiones. Muchas. A veces da miedo, pero es lo que toca y nadie lo puede hacer por nosotros. No nos olvidemos de que, acertemos o no, tomamos cada decisión desde el amor y queriendo lo mejor para nuestros hijos.

Refuerza el buen comportamiento. Hay veces que los padres nos centramos únicamente en lo que los niños hacen mal: «¡Hay que ver cómo has dejado tu cuarto!», «Te dije que no estabas estudiando lo suficiente y ahora mira qué notas has sacado», o «No me puedo creer que hayas vuelto a perder los zapatos, si es que eres un desastre». Y, sin embargo, pasamos por alto cuando nuestros hijos se portan bien o hacen bien las cosas. Y lo pasamos por alto porque consideramos que es su obligación o «lo normal». Pero nos tenemos que dar cuenta de que es importante reconocerles cuando hacen bien las cosas. Es bueno decirles cosas como: «Mira qué bien has compartido tus chuches con tu hermano», «Has recogido genial la mesa, muchas gracias», o «Te has acordado de lavarte los dientes sin que yo te lo haya recordado, ¡muy bien!». Y es bueno por tres razones. Una, porque a todos nos gusta que nos reconozcan las cosas que hacemos bien. Dos, porque así el niño va entendiendo lo que está bien y lo que está mal, lo que debe hacer y lo que no. Para alcanzar este objetivo es siempre mejor decirle qué comportamiento ha sido bueno («Qué bien has recogido la mesa») a decir algo menos concreto como, por ejemplo, «Qué bueno eres». Y tres, porque a los niños les gusta que sus padres estén contentos con ellos. Y suelen repetir aquellos comportamientos que gustan a sus padres. Cuando alabas a tu hijo, le estás dando un refuerzo positivo y aumentan las posibilidades de que repita ese comportamiento.

En este asunto de los refuerzos hay una moda reciente que dice que no es bueno alabar a los niños porque les fomentamos que hagan las cosas bien no por su propia satisfacción, sino porque quieren conseguir alabanzas o premios. Hay estudios que apuntan en esta dirección, pero yo creo que alabar a un niño cuando hace bien las cosas, siempre que se haga con mesura, no es malo. Por ejemplo, me parece que decirle a nuestro hijo: «Este año te has esforzado muchísimo, has sacado unas notas muy buenas, y estoy muy orgullosa de ti» está muy bien porque le estamos reconociendo y valorando el esfuerzo que ha hecho. Otra cosa diferente es decirle todo el día a nuestro hijo que es el tío más listo del mundo, que no hay nadie como él y que es el mejor. En este caso no estamos alabando su comportamiento, sino su personalidad de una manera artificial.

Otro debate es si hay que darles dinero o hacer regalos a los niños por ayudar en casa o por sacar buenas notas. Yo estoy en contra. Mi opinión es que los niños tienen que aprender que en una familia todos tenemos que arrimar el hombro, aunque a veces no nos apetezca. Con las notas pienso lo mismo: la obligación de los niños es estudiar, así que no considero que los premios sean necesarios.

Procura no imponer castigos o amenazas que no puedes cumplir. Cuando nos enfadamos es muy típico soltar amenazas como: «¡Te quedas sin salir un año!», «¡Voy a tirar la consola por la ventana!», o el clásico: «¡O dejáis de pelearos, o paro el coche aquí mismo y os bajo!». Estos castigos y amenazas son inviables. Tú lo sabes y tu hijo lo sabe. Y como lo sabe, pues no te va a hacer ningún caso. Entonces ¿por qué hacemos estas amenazas? Porque perdemos los papeles. Gran parte de poner límites y de disciplinar a nuestros hijos tiene que ver con nuestra capacidad para controlar nuestras emociones. Cuando perdemos los nervios es cuando decimos lo que no queremos decir o cuando se nos va la mano. Si ves que vas a perder los nervios, vete de la habitación. Cálmate y vuelve.

Límites en la adolescencia

La adolescencia nos pone nerviosos. El tópico es que los adolescentes son horribles, todo el día de mal humor, egoístas y centrados en sí mismos. A mí no me gusta esta narrativa porque nos predispone a estar de malas con nuestros adolescentes. Como en todo, hay niños que tienen adolescencias muy tranquilas y otros que lo pasan peor. En realidad, lo que ocurre es que durante la adolescencia la relación padre-hijo cambia. Cambia porque el adolescente se separa de nosotros. Y esto a veces duele. Duele cuando tu niño pasa de darte un beso y un abrazo en la puerta del colegio a decirte que le dejes a trescientos metros para que no te vean con él. Nos cuesta entenderlo, pero es lo que tiene que pasar. Nuestro objetivo es que nuestros hijos sean capaces de volar solos y que no necesiten estar eternamente pegados a nosotros.

Poner límites durante la adolescencia cuesta. Cuesta porque los adolescentes nos cuestionan, se enfrentan a nosotros y nos enfrentan a nosotros mismos y a nuestras contradicciones. Cuesta decirle a un adolescente que no fume cuando tú fumas. O que lean cuando tú no coges un libro. Así que nos hacen falta otro tipo de estrategias.

Explica, explica y explica. Los adolescentes tienen una idea muy sólida de lo que es justo e injusto. Entienden el mundo de manera radical. Para ellos no hay grises, todo es blanco o negro. Un adolescente solo acepta e internaliza los límites y las normas si los considera justos. Si cree que el límite o la norma es injusta, no lo va a aceptar. Por eso, con el adolescente, el manido «¡Porque lo digo yo!» suele funcionar fatal. En su lugar, tenemos que hacer mucho trabajo de pedagogía y hablar mucho con ellos. Dicho esto, hay veces que, si tu hijo y tú habéis llegado a un punto en el que no os entendéis, hay que decir: «Siento que no entiendas por qué te estoy diciendo esto, pero es lo que vamos a hacer porque soy tu madre y quiero lo mejor para ti».

No escales la situación. Hay ocasiones en las que una conversación sube de tono hasta acabar en pelea. Llegamos al «y tú más». «Eres inaguantable», le suelta la adolescente a su madre, a lo que la madre responde: «Mira quién fue a hablar». Tenemos que intentar por todos los medios no llegar a esta situación. Si ves que la conversación va a acabar mal, es mejor parar y decirle a tu hijo que, más tarde y más calmados, seguiréis con la conversación. Yo encuentro que el humor es a menudo la mejor estrategia para no escalar la situación. A veces, cuando mis hijos se quejan por algo, les digo en plan de broma (y, por favor, que nadie se tome esto a mal) que llamen a asuntos sociales para que les vengan a buscar porque tienen una madre horrible. Es la mejor manera de relajar la situación. Para evitar que se agraven las cosas, suele también funcionar (si eres capaz) mantener un tono de voz muy bajo. Cuanto más grite tu hijo, procura hablar tú más bajo y con más tranquilidad.

Elige el momento. Como sabemos todos los padres de adolescentes, hay que elegir cuándo hablarles, porque si en ese momento no les apetece, no hay nada que hacer. Así que, si tienes que hablar con tu hijo, elige cuándo hacerlo. Porque si no tienen a bien querer escuchar en ese momento, olvídate. Y lo mismo ocurre con nosotros. Si tu hijo quiere hablar contigo sobre si puede ir a una fiesta el próximo fin de semana y tú acabas de llegar del trabajo de muy mal humor, dile que mejor lo habláis cuando te des una ducha y hayáis cenado.

Ve soltando carrete. El trabajo del adolescente es separarse de sus padres para ir ganando independencia. Para ello, tienen que probar a romper las normas para ver qué pasa. Es normal. Es lo que tienen que hacer. Y nuestra función como padres en este momento es ir dándoles autonomía a medida que vemos que van madurando y pueden ir asumiendo responsabilidades. Tenemos que confiar en nuestros hijos, en que lo van a hacer bien. Este momento de ir soltando carrete da miedo: «¿Cómo voy a dejar que vuelvas a las dos de la mañana? ¡Ni hablar!», «¿Cómo vas a tener novio si eres pequeñísima!». Ante este miedo que nos entra, podemos caer en la tentación de querer controlar a nuestros hijos. Por ejemplo, ahora está muy de moda *trackear* el móvil de los adolescentes para saber siempre donde están. ¿Es aconsejable? Pues la verdad es que, como es algo tan nuevo, casi no hay investigación al respecto. Si lo vas a hacer, te tienes que plantear el porqué. ¿Lo haces porque te da tranquilidad a ti o porque tu hijo se siente más seguro? ¿Qué información vas a conseguir? En mi opinión, este *trackeo* es una forma de control, y en general crecer con padres muy controladores no es bueno para los niños. Claro que debemos saber dónde está nuestro hijo, pero lo que queremos es saberlo porque nos lo cuenta él. Y queremos que nos lo cuente porque confía en nosotros. Hay una diferencia entre controlar y supervisar. Supervisar es bueno. Controlar, no tanto.

Comprender no es justificar. Los padres debemos intentar comprender lo que le pasa a nuestro hijo. Pero no equivoquemos comprender con justificar. Yo puedo comprender que mi hijo esté pasando por un mal momento porque su novia le ha dejado, pero no justifico que salga y vuelva borracho como una cuba o que un día haga pellas. Esto es algo que se ve en los colegios. Hay padres que consideran que sus hijos nunca hacen nada mal y que la culpa siempre es de otros. Padres que le quitan la razón al profesor para dársela a su hijo.

Cuando justifico ciertos comportamientos no adecuados, no estoy poniendo límites y puedo fomentar un sentimiento de impunidad en mi hijo. No caigamos en este error. Nuestros hijos tienen que aprender a hacerse responsables de sus actos. Si nosotros siempre los justificamos, no les dejamos desarrollar esta capacidad.

Y ESTO VALE PARA NIÑOS DE TODAS LAS EDADES

Sé consistente. Es fundamental ser consistente. Si en tu casa la regla es que hay que bañarse antes de cenar, pues todos los días hay que bañarse antes de cenar y no hay discusión. Y es muy importante que vayáis todos a una. No vale que papá diga una cosa y mamá la contraria porque puede generar confusión e inseguridad en tu hijo. Pero tampoco se trata de ser inflexible y no reconocer que hay ocasiones especiales. Si un día tu hija te pide bañarse después de cenar porque tiene un examen al día siguiente y quiere terminar de estudiar antes, pues perfecto.

Utiliza disciplina inductiva. El objetivo de los límites y de la disciplina en general es que el niño entienda el porqué. El porqué de la regla, el porqué del límite, el porqué del «no». Porque si no lo entiende, nuestro hijo podrá obedecer, pero no está aprendiendo a distinguir el bien del mal, lo que puede hacer de lo que no.

No utilices violencia física o verbal. Darle a un niño un cachete, un azote o un capón no es bueno para su desarrollo. Como tampoco lo es gritar a nuestro hijo cosas del tipo: «Si es que nunca haces nada bien, ¡eres un inútil!», «¿Eres tonto o qué te pasa?» o «¡Ya podrías aprender un poco de tu hermano!». Te explico por qué más adelante.

Cuando te equivoques, repara. Hay veces que los padres decimos o hacemos algo que no deberíamos haber dicho o hecho. Nos pasa a todos. Somos seres humanos, no máquinas perfectas siempre capaces de controlar nuestras emociones y nuestras reacciones. Así que, si hemos perdido la paciencia, nos hemos puesto nerviosos y hemos pegado siete gritos, ha llegado el momento de pedir perdón a nuestro hijo y reconectar con él. Hay padres que piensan que nunca se debe pedir perdón a un hijo porque perdemos autoridad. Al contrario. Cuando nos disculpamos con nuestro hijo, le estamos enseñando cómo funcionan las relaciones sociales y qué hay que hacer cuando nos equivocamos.

5

Me cuesta establecer límites porque...

Total, para el rato que les veo...

Hoy en día, la gran mayoría de los padres y las madres trabajamos fuera de casa. Así que, claro, la tentación es no poner límites para evitar discutir con el niño el rato que lo vemos. Muchas veces lo hacemos sin darnos cuenta, pero debemos reflexionar sobre ello porque si no ponemos límites, no estamos ejerciendo como padres.

Somos muchos los que pensamos que no compartimos tiempo suficiente con nuestros hijos, pero ¿sabías que, según las estadísticas, los padres de hoy pasamos más tiempo con nuestros hijos que los padres de hace cincuenta años? Este es el caso incluso de los padres y madres que trabajan fuera de casa. Es curioso, sin embargo, que aun así muchos tengamos la sensación de que no estamos lo suficiente con los niños.

Yo creo que esta sensación se debe a dos razones. Una, la manera tan intensiva en la que estamos criando a nuestros hijos, que nos hace pensar que nunca estamos ni hacemos lo suficiente. Dos, el muy prevalente mito de la madre perfecta, que establece que una buena madre debe estar siempre presente para sus hijos.

Pero la realidad es que no hay ningún estudio que haya establecido cuál es el tiempo óptimo que los padres deben pasar con los niños. ¿Son siete horas al día?, ¿veinte?, ¿tres? ¿Quién define cuánto tiempo es necesario o adecuado? Sabemos que la presencia de los padres es buena para el desarrollo de los niños, pero esto no quiere decir que haya que estar físicamente juntos las veinticuatro horas del día.

Hay que pensar también en cómo estamos presentes. De poco importa que yo esté todo el día pegado a mi hijo si estoy permanentemente enganchado al móvil o resentido porque en realidad me gustaría estar haciendo otra cosa. Hay padres que no están tan físicamente presentes pero que hacen sentir a sus hijos que son su prioridad.

Al final, lo que más importa no es tanto el tiempo que realmente estamos con nuestros hijos, sino si ellos y nosotros sentimos que estamos juntos lo suficiente. Es decir, no importa tanto el dato objetivo, sino nuestra percepción.

Sientas o no que pasas mucho o poco tiempo con tus hijos, no dejes de ponerles límites. Recuerda que eres su padre o madre, y tienes que actuar como tal.

Me siento culpable

La crianza y la culpabilidad van de la mano. Sobre todo (y esto no lo digo yo, sino muchísimas investigaciones), en el caso de las madres. Las madres nos sentimos culpables por casi todo: si trabajamos fuera de casa, porque no estamos con nuestros hijos; si estamos con nuestros hijos, porque no estamos trabajando; si vamos al gimnasio, porque no estamos con los niños; si quedamos con una amiga, porque no estamos en casa; y así hasta el infinito.

Esta culpabilidad se debe a que vivimos con el mito de la supermadre. Este mito dicta que la buena madre es la que hace a su hijo el centro de su vida y le antepone a todo lo demás. Es también el mito de que tenemos que llegar a todo y, además, con una sonrisa y sin una queja. Vivir así es agotador y también nos puede conducir a sentirnos como un fracaso. Y como me siento culpable porque creo que no lo hago todo lo bien que lo debería hacer, pues «los consiento». Me vuelvo más permisivo para acallar esos sentimientos de culpa que me invaden.

En esto de sobrellevar la culpabilidad parental, hay otra modalidad que es la de comprarle al niño todo lo que pida. Hay padres que, para sentirse menos culpables, compran y compran cosas a sus hijos. Intentan suplir la falta de tiempo o de cariño con cosas. Hay que tener cuidado si nos damos cuenta de que estamos cayendo en este hábito porque, en general, la gente materialista suele tener más problemas de salud mental. Los niños (y los adultos) decimos mucho: «Necesito X», pero yo creo que un buen ejercicio es preguntarles (y preguntarnos) si lo necesitan o lo quieren. Son dos conceptos muy diferentes.

Soy amigo de mis hijos

Cómo nos criaron a nosotros influye en cómo criamos a nuestros hijos. Normalmente si estamos satisfechos con cómo nos educaron nuestros padres, solemos educar a nuestros hijos de manera parecida. Pero si no estamos satisfechos, nos podemos ir al polo opuesto de nuestros progenitores. Muchos padres de hoy se quejan de que los suyos los criaron de forma muy autoritaria, en la que no había sitio para sus opiniones ni sus sentimientos. Y en un intento de educar mejor, se han ido al polo opuesto. Es decir, «soy el amigo de mis hijos». Y lo hacen con la mejor intención, pero se equivocan. Se equivocan porque sus hijos necesitan padres y no más amigos.

El padre-amigo es un padre permisivo. Es un padre que da mucho amor a su hijo pero que no pone reglas y deja al niño hacer lo que quiere. El hijo no tiene una rutina clara. Cuando un día hace cosas que no debe, quizá le regañan, pero tres días después no hay consecuencias cuando hace exactamente lo mismo. Hay muchísimos estudios que demuestran que la permisividad no es buena para los niños. Los hijos de padres permisivos suelen ser más impulsivos, y agresivos. Les cuesta más regular sus emociones. No tienen objetivos claros y en el colegio les suele ir peor.

No quiero que se frustre

Esto es algo que se oye mucho entre los padres: «No le digo que no a mi hijo porque no quiero que se frustre».

La frustración es un sentimiento de insatisfacción o fracaso. Es normal que, como padres, queramos evitar que nuestros hijos se sientan mal, pero nos tenemos que dar cuenta de que es fundamental que nuestros hijos aprendan a gestionar la frustración. Si no saben gestionarla, les estamos llevando al fracaso porque la vida está llena de frustraciones y tú no vas a estar siempre ahí para solucionar sus problemas.

Muchos psicólogos hablan de que cada vez hay más niños en consulta porque tienen intolerancia a la frustración. ¿Y qué les pasa a estos niños? Que son más propensos a sufrir ansiedad o depresión. Y también a tener problemas de comportamiento —como agresividad hacia personas u objetos— y rabietas, o a desafiar a sus padres y profesores.

¿Por qué parece que hay más niños ahora que no saben gestionar la frustración? Yo creo que es por dos razones. La primera es la falta de límites. Dejo que mi niño decida qué cenar cada noche, los Reyes Magos le traen todos los regalos que pide, y estoy siempre a su disposición para llevarle y traerle a todos sus planes. El sistema educativo tampoco está ayudando. En muchos colegios, por ejemplo, ya nadie pierde una competición o una carrera, sino que todos los niños reciben una medalla «para que no se frustren». Pues, en fin, cuando sean adultos nadie les va a dar una medalla cuando no rindan lo suficiente en el trabajo. Por no hablar de que ya no se suspende porque el suspenso lleva a la frustración. Ya me contareis entonces qué hacemos con un adulto que ha crecido ganando siempre y no fracasando nunca. En el primer tortazo que le dé la vida, se va a venir abajo. Tenemos que dejar que nuestros hijos se caigan y aprendan a levantarse.

La segunda razón es la presión que sienten muchos niños. Como los padres queremos ser perfectos y criamos de esta manera tan intensiva, exigimos a nuestros hijos que sean perfectos y cuando fracasan, se vienen abajo («Soy un inútil porque no he sacado un 10 en inglés»). Está bien exigir a nuestros hijos, pero de una manera realista y siempre dándonos cuenta de que su valor no está en sus notas. Mi hijo no vale más o menos en función de las notas que saque. Lo que debemos hacer es enseñarles a aprender de sus fracasos. Yo siempre les digo a mis hijos y a mis estudiantes que no vale de nada que cuando reciben de vuelta un trabajo o un examen, simplemente miren la nota. Así no aprenden nada. Lo importante es centrarse en los comentarios del profesor, ahí está la oportunidad de aprender y mejorar.

Nuestros hijos deben aceptar que no siempre serán los mejores en todo, que no todo les saldrá bien y que no van a conseguir todo lo que quieren. Tenemos que prepararlos para el mundo al que se van a enfrentar y no para el mundo ideal que nos gustaría para ellos.

No quiero eliminar su personalidad

Este argumento también se oye con frecuencia: «No le digo que no a mi hijo, le dejo que él decida porque no quiero cambiarle». En ningún caso los límites eliminan la personalidad de los niños. Es más bien todo lo contrario.

Con unos límites claros, tu hijo se sentirá más seguro y querido, y es más probable que su personalidad pueda brillar y desarrolle todo su potencial.

No le digas que «no», que es peor

En mi familia cuentan una historia (no daré nombres) en la que un niño pequeño, cuando se enfadaba, tiraba del mantel de la mesa en la que comía toda la familia y la madre decía: «No le digáis nada, que entonces es peor».

Esta idea de no hacer nada, de dejar al niño en paz para que el conflicto no vaya a más, es común en algunas familias. Yo no digo que, en algunos casos y según qué situaciones, no pueda ser una buena idea, pero en general debemos enseñar a nuestro hijo que sus actos tienen consecuencias. Si mi hijo tira al suelo toda la mesa en la que estamos comiendo el resto de la familia y yo no hago nada, ¿qué le estoy enseñando? Que él está por encima de los demás. Que todos nos quedaremos sin comer cuando a él le dé la gana. Y con el tiempo, ¿qué puede ocurrir? Que estas reacciones escalen. Y que el niño que empieza tirando del mantel se convierta en el adolescente que agrede a su madre (este no es el caso del niño que menciono).

Pero, mamá, si a todos mis amigos les dejan...

Esta es una cantinela que todos dijimos como hijos y que, si tienes un adolescente, seguro que has oído un sinfín de veces. «Pero, mamá, que a todos les dejan...», «Pero, papá, voy a ser el único que no va...», «Pero, mamá, eres la más estricta...», «Pues a Luis le dejan»... Mis hijos se desesperan porque ya saben que cuando me dicen una de estas cosas, mi respuesta siempre es: «¿Te quieres ir a vivir a casa de...?».

Cuando nuestros hijos nos razonan así y nosotros claudicamos, estamos claudicando a la presión social. Esa presión que nos hace no querer ser «la madre más estricta» o no querer que nuestro hijo sea el que se queda fuera del plan. Pero, antes de imitar al resto de padres, nos debemos plantear el porqué. ¿Estás tomando la decisión por ir con el grupo o porque realmente actúas en sintonía con tus valores? Por ponerte un ejemplo, a mí no me gusta que mis hijos adolescentes duerman en casa de amigos. No me gusta porque creo que, después de estar todo el día danzando, por la noche hay que estar tranquilos y cada uno en su casa. Y además porque la gran mayoría de veces duermen en las casas donde no están los padres, y la combinación de adolescentes, noche, alcohol y ausencia de supervisión no suele ser buena. En ocasiones cedo, pero en el fondo sé que lo estoy haciendo contra mis valores.

¿Por qué sentimos esta necesidad de hacer lo mismo que el resto de los padres? Porque somos seres increíblemente sociales y, en general, no nos gusta ir en contra de lo que dicta el grupo. Tendemos siempre a creer que lo que hace la mayoría es lo que está bien y es lo que hay que hacer. Pero, en el caso de la crianza, no siempre es así, porque no todos nos guiamos por los mismos valores. Además, debemos tener en cuenta que cada niño es diferente y lo que es bueno para uno, puede no ser lo mejor para otro. Si volvemos al ejemplo de dormir fuera de casa, es posible que para tu hijo no sea lo mejor porque es muy impulsivo y acaba siempre metido en líos, mientras que para su amigo Carlos no suponga un peligro, pues es más tranquilo.

ME DA MIEDO QUE NO ME QUIERAN O QUIERO SER UN PADRE *COOL*

Nuestra personalidad influye en cómo educamos a nuestros hijos. Si, por ejemplo, yo siempre evito el conflicto porque me hace sentir incómoda, es bastante probable que me cueste poner límites a mis hijos y tienda a ser una madre permisiva.

Hay incluso investigadores que aseguran que nuestra personalidad es el factor determinante en nuestro estilo de crianza. Pero lo cierto es que no hay muchos estudios al respecto.

Nuestra personalidad se organiza según cinco factores:

1. Cómo de abiertos somos (apertura a la experiencia).
2. Nuestra capacidad para controlar los impulsos (escrupulosidad).
3. La capacidad que tenemos de ser sociables (extraversión).
4. Nuestro grado de empatía, cooperación y consideración hacia los demás (amabilidad).
5. La tendencia a experimentar emociones negativas como tristeza o ansiedad (neuroticismo).

A los investigadores lo que más les interesa es saber qué factores de personalidad suelen tener los padres con un estilo de crianza democrático. Les interesa este estilo de crianza en particular porque a los niños que tienen este tipo de padres son a los que les suele ir mejor en la vida. Los padres democráticos son los que les dan a sus hijos mucho amor y cariño, y a la vez les ponen límites. En general, los padres democráticos suelen ser gente sociable.

Ojo, que esto no quiere decir que, si eres muy introvertido, vayas sí o sí a ser un mal padre. La personalidad es solo uno de los factores que influyen en qué tipo de padre somos. No es el único y no está claro que sea el determinante.

No pongo límites para compensar mis equivocaciones

A menudo los padres nos equivocamos. Por ejemplo, es posible que un día hayas perdido los papeles con tu hijo y te sientes mal. Y como te sientes mal, le dices que sí a todo, para compensar ese error. O tal vez te olvidaste de que ese día tu hijo tenía que ir disfrazado al colegio, te sientes fatal y el resto del día le das todo lo que quiere y más para compensar tu fallo.

Es normal sentirnos mal cuando nos equivocamos, pero es fundamental darnos cuenta de que la madre o el padre perfecto no existen. E incluso si existiera, no sería bueno para nuestros hijos crecer con unos padres perfectos. El psicólogo Donald Winnicott dijo en los años cincuenta que, en lugar de tratar de ser padres perfectos, debemos ser padres o madres «suficientemente buenos». Con esta idea, Winnicott transmite que los hijos se benefician cuando los padres nos equivocamos porque, de esta manera, les enseñamos que las relaciones humanas no son perfectas y que todos nos equivocamos.

Lo importante cuando nos equivoquemos porque nos olvidamos de algo importante del colegio, pegamos un grito de más o pasamos unos días en los que estamos algo ausentes es reparar la relación. Es simplemente decirle que lo sientes, y que todos nos equivocamos a veces.

Mi hijo es taaan especial

Todos los padres pensamos que nuestros hijos son especiales. Y está fenomenal pensar así y que nuestros hijos sientan que son especiales para *nosotros*. Y escribo «nosotros» en cursiva con toda la intención. Nuestros hijos deben aprender que son especiales para nosotros y para la gente que los quiere, pero no para el resto de la humanidad. Para el resto de la humanidad son sencillamente «alguien».

A veces, podemos pensar que, como nuestro hijo es tan especial, no necesita límites. Esto les pasa a menudo, y es del todo comprensible (aunque no creo que haya estudios sobre este tema), a parejas a las que les costó mucho tener un hijo. Por ejemplo, parejas que pasaron rondas y rondas de tratamientos de fertilidad, otras que estuvieron años esperando para adoptar un niño, o los padres muy mayores que pensaban que nunca iban a poder tener un hijo. A estos padres, la llegada de ese niño les puede hacer sentir tan ciegos de amor que les cuesta poner límites porque se centran solamente en que su niño sea feliz y que no le falte de nada.

6

Mucho límite o poco límite: ¿dónde está el punto medio?

Puede ser que hayas llegado a este punto del libro pensando que lo que te estoy contando tiene sentido, pero que sigues sin saber dónde está el punto medio en esto de poner límites. «¿Cómo sé si no llego o me paso?»; «¿Cuánto es "lo normal"?», «¿Cómo sé cuál es el punto medio para cada uno de mis hijos?». Pues, como muchas veces en el mundo de la psicología, no hay una fórmula mágica que nos sirva a todos, aunque sí quiero que reflexionemos ahora sobre tres puntos que te pueden ayudar a acertar con cada uno de tus hijos.

CADA NIÑO ES UN MUNDO

Cada uno de nosotros nacemos con un temperamento diferente y, por tanto, desarrollamos una personalidad diferente. Esto te puede parecer una obviedad, pero es importante tenerlo en mente, porque nos centramos mucho en cómo los padres influimos en nuestros hijos y, a veces, nos olvidamos de que nuestros hijos también influyen en nosotros. Los padres influimos en los hijos y los hijos influyen en nosotros. Esto quiere decir que, según sea mi hijo, yo reacciono de manera distinta y le voy a educar de una manera distinta. Es mucho más fácil ser la madre de un niño que siempre saca buenas notas, ayuda en casa y además es cariñoso que de uno que te lleva por la calle de la amargura porque no para de meterse en líos. No quiero decir que se quiera a uno más que a otro, sencillamente digo que es más fácil educar a unos niños que a otros.

Y porque cada niño es un mundo, no hay recetas o consejos que valgan para todos: «Si tu niño saca malas notas, castígale sin salir los viernes, y te aseguro que la próxima evaluación sacará buenas notas». Pues no. Ojalá fuera tan sencillo, pero no lo es. Yo te puedo contar lo que me funciona a mí o lo que dicen las investigaciones científicas, pero ¿quiere decir que a ti te va a funcionar? No. Para saber lo que puede funcionarle a tu hijo, tengo que conocerle, porque cada niño es un mundo. Por eso, como padres, tenemos que observar a nuestros hijos y a nosotros mismos. Y encontrar la fórmula que mejor nos funcione.

El hecho de que cada uno venimos diferentes de serie se ve con claridad en las familias con varios hijos. Algo que seguramente todos los padres que tenemos más de un hijo hemos pensado alguna vez es: «Hay que ver lo diferentes que son mis hijos, y es curioso porque tienen los mismos padres, han vivido en la misma casa, han ido al mismo colegio y les hemos educado exactamente igual».

La realidad es que no es así. No educamos a nuestros hijos igual. Cada uno de nuestros hijos, aunque sean del mismo padre y la misma madre, nace con su propio temperamento y, por tanto, desarrollarán diferentes personalidades. Por esta razón, puede ser que a uno de tus hijos le tengas que poner muchos más límites que a otro. O que con uno te puedas relajar más porque es más tranquilo. O que otro de tus hijos quiera crecer muy rápido y vaya siempre con prisa y le tengas que frenar constantemente. Lo ideal es que, como padres, deberíamos ser conscientes de cómo es cada uno de nuestros hijos y adaptar nuestra manera de educar a las necesidades de cada uno.

Mis cuatro hijos son muy diferentes. Cuando a veces se quejan de que «es que eres más dura con uno que con otro», o «a mí a su edad no me dejabas hacer eso», les digo que cada uno de ellos es diferente y que, por eso, intento adaptarme a cada uno de ellos. Ahora bien, una cosa es ajustarte a las necesidades de cada uno y otra cosa es favorecer a uno sobre otro. Debemos tener cuidado con no demostrar favoritismos porque los niños que sienten que no son los favoritos tienen más probabilidades de sufrir problemas de salud mental.

Cada hijo responde de manera diferente

Siempre decimos que hay a niños a los que una bronca les entra por un oído y les sale por el otro, mientras que otros con la misma bronca se llevan un disgusto horrible y se pasan una hora llorando. Pues bien, esto tiene una explicación psicológica o más bien biológica. Y es que cada niño es más o menos reactivo a su entorno.

El psicólogo Thomas Boyce explica esta cuestión usando los conceptos del «niño margarita» y el «niño orquídea». El niño margarita es aquel al que la bronca le da más igual. Es un niño al que lo que sucede en su ambiente no le afecta tanto, y suele ser resistente (o, utilizando una palabra que está tan de moda, resiliente). Un niño orquídea es el del disgusto. Es un niño altamente reactivo a lo que sucede en su ambiente. Suelen ser niños a los que les afectan más los cambios, que se agobian más. Son más sensibles.

Reconocer a nuestro hijo como orquídea o margarita nos ayuda a ajustar nuestra manera de educar según sus necesidades. Es cierto que los niños orquídea suelen necesitar mucha atención, pero no caigamos en el error de sobreprotegerlos. También necesitan límites y espacio para equivocarse y levantarse. Con los niños margarita nos puede pasar lo contrario.

Como son más autosuficientes, podemos creer que nos necesitan menos y terminar haciéndoles menos caso, pero no olvidemos que nos necesitan y que tenemos que desarrollar una relación sólida con ellos. Todos los niños, sean como sean, necesitan límites. La clave es conseguir aplicar los límites de forma que se adapten a las necesidades y a la manera de ser de nuestro hijo.

Pensar en niños orquídea y niños margarita es muy práctico, pero, en realidad, no debemos entender estas dos formas de reaccionar como dos cajones estancos (orquídeas o margaritas), sino como un continuo. En este continuo, las orquídeas y las margaritas están en los extremos, y los niños «caen» más cerca de un extremo que del otro. Por ello, hace poco se añadió una tercera categoría: los niños tulipanes que son aquellos que están en el centro del continuo. Estas categorías tampoco son un diagnóstico, sino una herramienta para entender mejor a nuestros hijos.

Nuestras circunstancias cambian

Otra razón que afecta a cómo educamos y ponemos límites son nuestras circunstancias. Cada hijo nos coge en un momento diferente de la vida. Tus circunstancias no son las mismas con tu primer hijo que con el cuarto. Puede ser que con tu segundo hijo tuvieras un trabajo muy demandante, y para cuando nace el tercero ya habías pedido la reducción de jornada. O que al poco de nacer tu hijo pequeño te divorciaras, con lo cual pasaste unos años muy complicados. O que uno de tus hijos fuera una sorpresa y te costara asimilarlo...

Estas circunstancias y otras miles de cosas que nos van pasando en la vida hacen que eduquemos a cada uno de nuestros hijos de manera diferente. Algo que influye mucho en cómo educamos a los hijos es nuestro nivel de estrés. El estrés en la crianza no es bueno. Te hablo de padres que viven con un nivel de estrés muy elevado y sostenido en el tiempo. Por ejemplo, el padre que se queda viudo con tres niñas pequeñas, la madre soltera a la que despiden del trabajo y no sabe cómo va a llegar a fin de mes, o la pareja de divorciados que se pasa dos años en una batalla judicial bestial por la custodia de sus hijos.

¿Y por qué no es bueno este tipo de estrés? Primero, y como sabemos todos, no es bueno para uno mismo. El estrés está relacionado con una peor salud física y mental. Además, la salud mental de los padres influye en la de sus hijos. Normalmente, a peor salud mental de los padres, peor salud mental de los hijos, en parte porque cuando no estamos bien somos menos responsivos a sus necesidades.

Cuando pasamos por momentos de mucho estrés, solemos ser más autoritarios porque tenemos menos carrete, menos paciencia. Solemos gritar y castigar más, escuchar menos, e incluso puede que lleguemos al castigo físico. A algunos padres les pasa lo contrario, y en momentos de mucho estrés, pasan a ser más permisivos o hasta negligentes, pues no pueden con todo. Y como no pueden con todo, sin mala intención, descuidan a sus hijos o los dejan más a su aire para evitar conflictos.

Así que cuando pases por un mal momento, intenta parar y reflexionar sobre cómo puede estar afectando a tu capacidad para educar a tus hijos. No con la intención de machacarte, sino con la intención de ser consciente de ello y poner remedio en lo que puedas.

7

Y cuando traspasan los límites, ¿qué hacemos?

El tema de la disciplina está íntimamente ligado al de los límites, y es algo sobre lo que hay mucha confusión. Hay confusión porque, hoy en día, muchos expertos nos dicen que no debemos dar cachetes, ni gritar, ni castigar. Entonces, muchos padres se preguntan: «Y entonces ¿qué hago cuando mi hijo no obedece, o cuando no pega ni clavo en el colegio, o cuando me contesta mal?». Y estoy totalmente de acuerdo con ellos, porque está muy bien decir a los padres lo que no deben hacer, pero habrá que decirles qué pueden hacer pues, si no, les dejamos sin herramientas.

Disciplina no es lo mismo que castigo

Lo primero que debemos tener claro es qué es la disciplina y cuál es su objetivo. Cuando en clase les pregunto a mis alumnos que definan el término «disciplina», la gran mayoría de ellos se refiere a castigos, gritos y bofetones. Pero la disciplina es mucho más que eso. La disciplina se refiere a todo lo que hacemos para que el niño interiorice qué es lo que ha hecho mal y, sobre todo, por qué está mal. La disciplina va mucho más allá de obedecer. Se trata de entender. El niño debe entender por qué está mal lo que ha hecho. Esa es la mejor manera de que en el futuro no repita ese comportamiento, que al final es de lo que se trata.

Hay muchas técnicas que los padres usamos para disciplinar a nuestros hijos: pegarles un grito o una colleja, castigarles, retirarles nuestro cariño, darles premios o hablar con ellos. Algunas de estas técnicas son más efectivas que otras, y algunas son mejores para el niño que otras. Vamos a verlas.

¿CÓMO DE MALO ES GRITAR A UN NIÑO?

En 2023 se publicó un estudio en la revista *Child Abuse and Neglect* que tuvo muchísimo impacto, ya que fue recogido por la prensa de muchos países. No era para menos, porque metía un miedo increíble a los padres, con lo cual los periódicos digitales debieron conseguir clics sin parar. Los diarios publicaron titulares como: «Gritar a los hijos es tan malo como el abuso sexual». Hombre, pues mire, no. A mí estos titulares me ponen de muy mal humor porque crean pánico entre los padres. Las consultas se llenan de padres machacándose porque el otro día le dieron un grito al niño y están convencidos de que le han traumatizado de por vida.

No hay ninguna evidencia que demuestre que el grito ocasional, presente en la gran mayoría de las casas, sea malo para nuestros niños. Con esto no estoy diciendo que sea bueno gritar a nuestros hijos, estoy diciendo que no es una tragedia y que ciertamente no es tan malo como el abuso sexual.

Y es que, además, eso no es lo que decía el estudio. El estudio no decía que gritar a un niño fuera igual de malo que abusar sexualmente de él. Lo que decía es que *abusar verbalmente* de un niño puede ser tan negativo como el abuso sexual. Pero es que, en la gran mayoría de las casas, el tipo de grito que damos no puede considerarse abuso verbal. No es lo mismo que yo le diga a mi hijo: «¡No vales para nada!», «¡Ojalá nunca hubieras nacido!» o «¡¡Eres un inútil!!» a decirle: «¡¡Ponte los zapatos!!» o «¿¡Quieres lavarte los dientes de una vez!?», cuando ya se lo he pedido treinta y tres veces. Hay una gran diferencia.

¿Cuándo nos deben preocupar nuestros gritos? Si caes en el abuso verbal, debes sin duda acudir a un especialista para que te ayude a cambiar ese comportamiento. También te recomendaría acudir a un especialista si gritas todo el tiempo. Si realmente la tónica habitual en tu casa es el grito (aunque no sea del tipo abusivo), debes intentar cambiarlo. Si vivís instalados en el alarido, es probable que tu nivel de estrés y el de tus hijos estén permanentemente elevados y, como vimos en el capítulo 6, esto no es bueno para nadie.

La mayoría de los padres nos sentimos mal cuando gritamos a nuestros hijos. Y nos sentimos mal porque a nadie nos gusta que nos griten y, además, porque sabemos que no es la mejor manera de educar. Pero también déjame decirte que no eres el único que grita y que no significa que seas un mal padre. Me atrevería a decir que no conozco a ningún padre o madre que no haya gritado nunca. Creo que es prácticamente imposible educar a un hijo sin gritar nunca. ¿Debemos intentar gritar lo menos posible? Sí. ¿Debemos machacarnos cada vez que pegamos un grito? No.

Un buen tortazo a tiempo... ¿o no?

Todos hemos oído expresiones como: «Este niño lo que necesita es un buen tortazo», «Un guantazo a tiempo cura todas las chorradas» o «A este le faltó en su momento un buen bofetón». Bueno, pues no. Hay pocas cosas en la crianza que podemos asegurar que son malas y que deberíamos evitar a toda costa, y la violencia física es una de ellas. Puede que estés pensando: «Hombre, un cachete no es violencia física, no exageremos». Vamos a ver lo que dice la evidencia.

Déjame primero que te diga que estudiar este tema es

muy complicado porque, idealmente, nos haría falta tener dos grupos de padres e hijos que fueran iguales en cuanto a sus características sociales, económicas y culturales. A un grupo de padres les pediríamos que, durante un periodo de tiempo, pegaran a sus hijos, y al otro grupo le pediríamos que, bajo ninguna circunstancia, pegaran a sus hijos. Al terminar este periodo de tiempo, compararíamos a los niños en función de diferentes parámetros: rendimiento académico, habilidades sociales y emocionales, desarrollo cognitivo, agresividad... Si hubiera diferencias en estos parámetros entre los dos grupos, lo achacaríamos al uso o no del castigo físico. Como te puedes imaginar, este estudio jamás se ha realizado ni se va a realizar (esperemos) porque no es ético, así que los investigadores en este campo tienen que usar otros métodos de estudio que no son perfectos.

Tenemos muchísimas investigaciones sobre el efecto del castigo físico en los niños. En su gran mayoría, dicen que pegar a los niños es malo. También es verdad que hay algunos estudios que concluyen que no es bueno ni malo. Lo que ningún estudio encuentra es que pegar a un niño sea bueno. Y sí, en este «pegar» entra desde el cachete hasta otras formas más graves de castigo físico.

Los niños a los que les pegan tienen más posibilidades de sufrir problemas de salud mental, la relación con sus padres es peor, suelen ser más agresivos, obedecen menos y tienen mayor riesgo de padecer abusos físicos. Tienen mayor riesgo de sufrir abusos porque si tú le das cachetes a tu hijo para que te obedezca, con el tiempo tendrás que ir aumentando la fuerza con la que le pegas para que tenga el mismo efecto. Y de esa manera, puedes acabar abusando de él.

Es importante tener en cuenta que el efecto del castigo físico es acumulativo. Es decir, cuantas más veces usemos el castigo físico y más grave sea, más posibilidades tiene el niño de desarrollar problemas. Vamos, que si alguna vez has soltado un cachete, no te agobies. Pero si en tu casa lo habitual son las bofetadas o cosas más graves, debes pedir ayuda a un profesional cuanto antes para frenarlos.

En mi opinión, la mayoría de los padres que alguna vez le dan un cachete a sus hijos lo hacen sin mala intención. El problema es que hay padres que realmente creen que un tortazo a tiempo es bueno para los niños. Otros no saben siquiera que es malo. Otros lo hacen cuando pierden los nervios. Y luego tenemos el clásico: «A mí mi padre me zurraba y estoy perfectamente». Este no es un buen argumento. El terapeuta Justin Coulson escribió un gran artículo en el *New York Times* explicando por qué. Coulson mantiene que este argumento es una falacia porque se basa solamente en tu experiencia personal e ignora las experiencias del resto de la gente que puede que no coincidan con la tuya. Es decir, que a ti algo no te afecte no quiere decir que a mí no me vaya a afectar. Además, Coulson se pregunta: ¿qué es estar perfectamente?, ¿tener un trabajo?, ¿una relación estable? A veces, no reconocemos el daño que nuestras experiencias nos pueden haber hecho.

Asimismo, que nuestros padres lo hicieran con nosotros no quiere decir necesariamente que esté bien. También nos llevaban en el coche sin cinturón de seguridad, fumaban delante de un recién nacido y mojaban el chupete en anís para calmar al niño. ¿Harías eso ahora? Probablemente, no. Pues con el tortazo, lo mismo.

A día de hoy, hay sesenta y tres países (incluido España) en los que está prohibido cualquier tipo de castigo físico a los niños. Aun así, se estima que unos doscientos cincuenta millones de niños alrededor del mundo de entre dos y cuatro años son castigados físicamente de manera habitual. Considero que hace falta mucha concienciación sobre este tema y que, además, no basta simplemente con prohibirlo. La prohibición debe ir siempre de la mano de campañas de educación, ofreciendo a los padres alternativas. Veamos ahora qué alternativas tenemos al grito y al cachete.

Consecuencias lógicas

Una muy buena herramienta para disciplinar a nuestros niños son las consecuencias lógicas. Las consecuencias lógicas consisten en que cuando tu hijo hace algo que no debe o no hace algo que debería hacer, el castigo debe estar conectado al comportamiento que queremos cambiar. Por ejemplo, en mi casa hay una regla: el primero que dice «¡Pido no!» cuando hay que hacer algo, es el que lo hace. Así, cuando pregunto «¿Quién pone la mesa?», el primero que dice «¡Pido no!» es el que la pone. Mi objetivo es que aprendan que decir «¡Pido no!» cuando alguien te pide que le ayudes está mal. Obligando al que lo dice a ser el que ayude, les quita las ganas de decirlo y, además, pone la mesa, que era de lo que se trataba. Esto es una consecuencia lógica.

Las consecuencias lógicas son un castigo, sí. Pero son un castigo con un objetivo. Porque lo que no tiene sentido es castigar imponiendo cosas que de ninguna manera van a corregir el comportamiento que queremos cambiar. Es decir, si yo quiero que mi hijo meta la ropa sucia en el cesto y cuando no lo hace le castigo sin PlayStation una semana, ese castigo no contribuye directamente a cambiar su comportamiento. Pero si le digo que, si no mete la ropa sucia en el cesto, va a poner la lavadora durante una semana, el castigo sí está contribuyendo directamente a cambiar su comportamiento. Con las consecuencias lógicas, el castigo es a la vez la solución al problema.

Hay tres elementos importantes para que las consecuencias lógicas funcionen. En primer lugar, que sean inmediatas. Es decir, ¿tus hijos se están peleando por sentarse en el sofá? Pues no se sienta ninguno. En segundo lugar, que tengan una duración limitada y que cuando se acaben, se haga borrón y cuenta nueva. Lo que no es justo para el niño es que, además de imponerle la consecuencia, te pases los dos días siguientes enfadado con él. Y, en tercer lugar, que les expliques el porqué del castigo.

Consecuencias naturales

Una vez me llamaron del colegio para que le llevara a uno de mis hijos la equipación de fútbol. Se la había olvidado y sin ella no podía jugar el partido. Mi respuesta fue que no. Y la verdad es que no le cayó muy bien a la secretaria del colegio, pero lo hice por dos razones. Una, porque ya iba camino del trabajo y si daba la vuelta, llegaba tarde. Y dos, porque si cada vez que a un niño se le olvida algo sus padres corremos a llevárselo, se seguirá olvidando cosas. Esto es un ejemplo de consecuencia natural. ¿Te olvidas la equipación? Pues no juegas al fútbol. ¿Te digo que lleves un abrigo porque hace frío y te empeñas en no llevarlo? Pues pasarás frío. ¿No metes la ropa sucia en el cesto? Pues cuando se te acabe la ropa limpia tendrás que ir con ropa sucia hasta que empieces a hacerlo.

Lo importante de las consecuencias naturales es que deben ser inmediatas. De nada vale decirle a mi hijo de siete años que si no se lava los dientes le saldrán caries porque no lo va a entender. Con la consecuencia natural es fácil caer en el «te lo dije». Hombre, tampoco hace falta restregárselo al niño por la cara. Si le dijiste que se estuviera quieto, que se le iba a caer el helado, y se le ha caído, bastante fastidio tiene ya como para que encima se lo restriegues tú.

La teoría está muy bien, pero la vida real es otra cosa

Creo que todos (o casi todos) los padres nos identificamos con esta afirmación: «Sé que está mal darle un cachete a mi hijo, pero es que de verdad que pierdo la paciencia». O como dice una amiga mía: «Mis hijos sacan lo peor de mí». La realidad es que gran parte de cómo disciplinamos a nuestros hijos depende de nuestra propia capacidad para regular nuestras emociones.

Si ves que vas a perder los nervios, siempre, siempre, siempre vete de la habitación. Respira profundo unos minutos, decide qué quieres hacer y vuelve. Si tu niño es pequeñito y no puedes más, coge el carrito y vete con él a la calle un rato. O llama a una amiga o a tu madre para hablar. Si tu hijo es más mayor, dile que mañana, cuando estéis los dos más tranquilos, hablareis sobre el tema. Lo que no tiene sentido es intentar disciplinar a tu hijo cuando estás totalmente desregulado. No hay ningún problema en decir: «Mañana, cuando estemos los dos más tranquilos, hablaremos sobre por qué hiciste pellas».

Es bueno que identifiques en qué momentos o situaciones sueles perder la paciencia. La hora de la cama es complicada para muchos padres. Estás agotado de todo el día, deseando tener un rato para ti, y cuando se supone que tu hijo tiene que estar dormido desde hace media hora, te pide agua por decimotercera vez; entonces sale la bestia que llevas dentro y luego, encima, te sientes fatal porque has terminado el día a gritos. Si este es tu caso, dividíos los días para tener alguna «noche libre». O tal vez estás más relajado y pierdes menos los nervios si te duchas y te pones el pijama antes de acostar a los niños. O si dejas catorce vasos de agua al lado de la cama, para que tu hijo beba (aunque seguro que te pedirá otra cosa, porque en el fondo el agua suele ser lo de menos). En resumen, ser proactivo puede evitar que perdamos los nervios y después nos sintamos mal porque no nos gusta cómo hemos actuado.

Todos los padres nos enfadamos, todos perdemos la paciencia, todos saltamos a veces sin razón. La idea es ir identificando cuáles son los momentos en los que nos suele pasar y prepararnos para ellos. Y cuando fallamos, reparamos la situación en la medida de lo posible.

Hacerlo todo siempre bien es imposible. De lo que se trata, como dice la doctora Aliza Pressman, «es de hacerlo bien más veces que mal». El padre perfecto no existe. No te machaques.

8

¿Y cuando nada funciona?

A través de mi página web recibo todas las semanas preguntas de los padres de nuestra comunidad sobre temas que les preocupan.

La disciplina es un tema muy recurrente: «¿Cómo disciplino a mi hijo de uno/siete/quince años?», «¿Es realmente el cachete tan malo?», «No consigo dejar de gritar, ¿qué hago?», y una consulta que se repite muy a menudo es: «Nada me funciona con mi hijo, ¿qué puedo hacer?». Y es que efectivamente hay veces en las que por mucho que nos sepamos la teoría, no nos funciona. Vamos a ver diferentes casos y cómo podemos actuar.

Nunca es tarde para cambiar las reglas del juego con nuestros hijos. ¿Te costará? Sí. ¿Es posible? Sí. Siempre hay esperanza. Como padres, tenemos el derecho y la obligación de cambiar las reglas del juego cuando estas no funcionan. Lo que está claro es que no tiene sentido seguir haciendo más de lo mismo cuando no está dando resultados. Hay veces que cuando los padres se plantean cambiar la manera de hacer las cosas, creen que sus hijos no les van a dejar. Lo cierto es que las reglas del juego no dependen del niño. Son decisión nuestra. El niño tiene derecho a dar su opinión, pero nosotros tomamos la decisión final. Esté él de acuerdo o no.

Es cierto que empezar a poner límites cuando nunca antes lo has hecho, o lo has hecho de manera poco consistente, puede parecer tarea imposible. Así que, como con toda gran tarea, lo mejor que podemos hacer es dividirla en subtareas más manejables: decide exactamente qué límites quieres establecer, no intentes establecerlos todos a la vez, y explica a tus hijos lo que está pasando, por ejemplo: «Te quedas chateando con tus amigos hasta muy tarde todas las noches y luego llegas tarde al colegio porque te cuesta mucho levantarte, así que, a partir de mañana, tienes que dejar el teléfono en mi habitación antes de acostarte. No lo hago para fastidiarte, sino por tu bien, porque tienes que dormir». Tu hijo se quejará y se enfadará; dile que lo entiendes pero que eres su padre o su madre y lo haces por su bien, porque le quieres.

A MI HIJO TODO LE DA IGUAL

Hay niños a los que parece que nada les importa. Quizá a tu hijo le cuesta ayudar en casa, no hace los deberes, no se esfuerza, le regañas y pasa de todo, cada noche se queja sin parar porque no se quiere ir a la cama a su hora... Y, claro, esto desespera. ¿Cómo no va a desesperarnos?

Cuando tenemos un hijo al que parece que todo le da igual, podemos acabar metidos en una espiral muy negativa: solo le regañamos, somos poco cariñosos con él, no nos apetece pasar tiempo juntos, y le adjudicamos la etiqueta de «malo», «difícil», «pesado» o «pasota». Desarrollamos una imagen negativa de nuestro hijo y nos cuesta llevarnos bien con él. Solo vemos su comportamiento negativo y las cosas que hace mal, y somos incapaces de reconocerle lo que hace bien. Y en esta espiral de negatividad, el niño continúa portándose mal porque es lo que se espera de él. Los niños necesitan nuestra atención y si la única atención que reciben es negativa, se acaban portando mal para que les hagamos caso. Ya sé que esto puede parecer contraintuitivo, pero hay veces que es mejor que te hagan caso, aunque sea para mal, a que no te hagan caso.

¿Cómo salimos de esta espiral? Cambiando las reglas del juego. En primer lugar, convéncete de que cada día es una página en blanco. Tu hijo no es malo, pesado ni difícil. No. Tu hijo en ocasiones tiene comportamientos malos o difíciles. Así que cada día debe tener la oportunidad de empezar de nuevo. Si tienes que regañarle, regáñale por lo que ha hecho hoy y no por lo que hizo ayer o hace tres semanas. Pon el contador a cero. Cada día es un día nuevo.

En segundo lugar, empieza a alabar todo lo que hace bien: «Qué bien has recogido la mesa, muchas gracias», «Qué bien este ratito que hemos pasado juntos», o «Esta mañana has salido superpuntal al colegio, qué bien». Refuerza positivamente su buen comportamiento. Todo comportamiento que reforzamos tiene más posibilidades de ser repetido.

Y, en tercer lugar, pasa tiempo con él: jugar a las cartas, ver una película, hacer algún deporte que os guste a los dos... ¿Por qué? Porque la disciplina es mucho más efectiva en el marco de una buena relación con tu hijo. Cuando te llevas bien con tu hijo, este quiere hacer bien las cosas. Quiere que tú estés contento con él. Y es más probable que se esfuerce, que ayude, que participe más en la vida familiar.

Quizá estés leyendo esta sección y pensando que estoy culpando a los padres del mal comportamiento de sus hijos. No, no es eso. Como ya hemos dicho en varias ocasiones, una gran parte de cómo se comportan nuestros hijos viene de serie, es decir, de su temperamento. Pero también es verdad que hay ciertas estrategias que los padres podemos usar para mejorar la relación con nuestro hijo y para gestionar mejor su comportamiento. Normalmente, a mejor relación con nuestro hijo, «mejor sale» nuestro hijo.

Se ríe cuando pongo límites o le regaño

A mí me pasa que, a veces, cuando estoy muy muy nerviosa, me entra la risa. Y no es porque no me tome en serio la situación en la que estoy, sino porque me ayuda a relajarme, a autorregularme. A muchos niños les pasa lo mismo. Cuando les echan la bronca o les hablan muy en serio, se ríen. Y no se ríen porque quieran faltar al respeto al adulto, sino porque están nerviosos. Se sienten incómodos, no saben cómo gestionarlo y la risa les relaja.

Lo que suele ocurrir es que los padres o el profesor piensan que se están riendo de ellos o que no se están tomando en serio la situación, y acaban recurriendo al clásico: «¿Te hace gracia? Pues ya verás cómo me voy a reír yo con el castigo que te va a caer», y a partir de ahí todo va a peor. Y va a peor porque le seguimos regañando, el niño se pone más nervioso y se ríe más, y más nos enfadamos nosotros.

Una estrategia que suele funcionar es ignorar la risa. Y más tarde, cuando estéis tranquilos, habla con él sobre el tema y dile que, aunque entiendes que se ría porque esté nervioso, tiene que aprender a controlarlo porque no está bien reírse en ese tipo de situaciones. Y como siempre, cuando le digas a tu hijo que no puede hacer algo, intenta darle una alternativa. Es decir, no vale que le digas que no se puede reír, porque eso no le ayuda a dejar de reírse. Proporciónale una estrategia para dejar de reírse: pensar en algo que no le guste nada o que le ponga triste, apretar fuerte los puños o apretar la lengua contra el paladar pueden ayudarle a no reírse.

Me habla mal, contesta, y quiere tener siempre la última palabra

«Pero ¿por quééé?», «¡No es justo!», «¡Te odio!». Seguro que alguna de estas quejas te son familiares. Y, claro, nosotros perdemos la paciencia y nos lanzamos al: «Pero ¿quién te has creído que eres para hablarme así?». Y empezamos mal, porque así solo estamos escalando la situación y vamos a terminar fatal.

Contestar a los padres forma parte de crecer. El niño va probando hasta dónde puede llegar y va viendo cómo reaccionamos sus padres. A la vez, está aprendiendo a expresar sus opiniones y a defender sus ideas. Nuestro trabajo es decirle cuándo se ha pasado, sentar unos límites claros sobre cómo hablarnos con respeto, enseñarle a hacerlo, y darle la oportunidad de corregirlo: «Entiendo que estás enfadado, pero no puedes hablarme en ese tono porque me estás faltando al respeto, y además me duele. Cambia, por favor, el tono y seguimos hablando». Con adolescentes, a mí me suele funcionar decirles muy tranquilamente: «Yo creo que no te has dado cuenta de cómo ha sonado lo que acabas de decir. ¿Por qué no pruebas a decirlo de otra manera?».

También funciona en estos casos usar consecuencias lógicas: «La verdad es que, si me pides en ese tono que te lleve a casa de tu amigo, se me quitan las ganas. ¿Por qué no pruebas a pedírmelo de otra manera?». Con esto les enseñamos que la manera en la que hablamos a la gente importa y que el respeto es fundamental en las relaciones sociales.

Otra estrategia es ofrecerles opciones: «Puedes seguir hablándome así o puedes hablarme bien. Yo te responderé de una manera u otra dependiendo de cómo me hables», «Ya sé que no quieres sacar al perro, pero tienes que hacerlo, puedes sacarlo antes o después de cenar, tú eliges», o

«Vale, no estás de acuerdo con la hora a la que tienes que volver a casa. ¿Qué propones tú?». Darles opciones suele funcionar porque se sienten más con el control de la situación.

Ante todo, cuando tu hijo te conteste o te hable mal, si ves que va a perder los nervios, vete de la habitación y cuando esté más calmado, vuelve. Y diga lo que diga, no te lo tomes como algo personal. Tu hijo no te odia por mucho que te lo diga, lo que le pasa es que el enfado o la frustración pueden con él.

Mi hijo me miente

El tema de las mentiras preocupa mucho a los padres («No me importa tanto lo que has hecho, sino que me has mentido»). Pero la realidad es que todos los niños mienten. Algunos más y otros menos. Mentir es normal en el desarrollo de un niño. Es más, que un niño mienta es señal de que sus habilidades cognitivas y sociales se están desarrollando porque es capaz de ponerse en el lugar del otro. Mentir no es una señal de que algo va mal, de que tu hijo no tenga moral o de que vaya directo a convertirse en un delincuente.

Además, seamos sinceros, todos los adultos mentimos. Y no lo digo yo, la evidencia científica apunta que la mayoría de los adultos mentimos al menos una vez al día. Es cierto que la mayoría de estas mentiras suelen ser para no hacer daño a los demás: «Me encanta tu regalo» o «Siento mucho no poder ir a tu cumpleaños».

En parte, los niños aprenden a mentir porque nos ven mentir a nosotros y porque incluso les pedimos que mientan: «Si te preguntan en la taquilla, di que tienes seis años, que los niños por debajo de siete no pagan», «No le digas a tu hermano que nos hemos tomado un helado antes de venir a casa», o nos escuchan poner una excusa para no ir a una cena cuando podemos ir perfectamente. Y es que, con respecto a las mentiras, les transmitimos mensajes muy confusos. Por un lado, les decimos que mentir está mal y que no deben hacerlo, y por otro, les pedimos que mientan y nos ven mentir.

Los niños mienten por las mismas razones que mentimos los adultos. Los más pequeños suelen hacerlo para evitar meterse en líos («¿Quién se ha comido el chocolate?»; «Yo no», contesta tu hijo con la cara totalmente marrón). A medida que van creciendo, mienten para no quedar mal, para encajar en su grupo de amigos, para quedar bien con otros, para no hacer daño a otra persona («Qué buena está la paella, tía Marta»), por educación («Me encanta el regalo, abuela») o para conseguir algo («Papá, dame la paga, que mamá no me la dio»). Y es que la mentira está considerada como un «lubricante social» porque, en ocasiones, facilita nuestras relaciones sociales. No hay nada peor que alguien que te dice «Mira, es que yo pienso que, ante todo, la verdad por delante»; ya sabes que te va a soltar un guantazo de impresión. A medida que el niño crece, miente menos para protegerse a sí mismo y más para proteger a los demás.

Así que es prácticamente imposible esperar que nuestro hijo nunca nos mienta. Pero la evidencia científica sí que apunta que hay estrategias que podemos usar para que nuestro hijo mienta menos. El castigo no es buena idea. Hay estudios que señalan que cuando un niño sabe que le van a castigar por algo que ha hecho, tiende a mentir para evitar el castigo, y con el tiempo, acaba desarrollando una mejor habilidad para mentir. Por este motivo, normalmente los hijos de padres autoritarios suelen mentir más a sus padres. No porque sean más mentirosos, sino porque no quieren que los castiguen. Así que, en vez de castigar, cuando pilles a tu hijo mintiendo, céntrate en el comportamiento que quiere ocultar y no tanto en el hecho de que haya mentido.

Si ya sabes que tu hijo ha hecho algo mal, no le preguntes si lo ha hecho, para ver si le pillas. Por ejemplo, si la profesora te ha llamado por la mañana para decirte que tu hijo no ha entregado los deberes, cuando llegue a casa no le preguntes si ha entregado los deberes, para ver si te dice la verdad. ¿De qué sirve preguntárselo si ya sabes la respuesta? Céntrate en entender por qué no los entregó.

Cuando tu hijo te mienta, reacciona de manera tranquila e intenta entender el porqué de la mentira. No es lo mismo que tu hijo adolescente se escapara anoche de casa para ir a ayudar a un amigo a que se escapara para irse de copas.

Por último, habla con tu hijo de la importancia de ser honestos y, por encima de todo, sé tú honesto. Los niños aprenden mucho más de lo que hacemos que de lo que decimos.

FUERA SE PORTA BIEN, PERO EN CASA...

Esta situación yo creo que la hemos vivido todos los padres: en casa tu hijo solo ayuda a recoger la mesa bajo amenaza de no salir en tres meses, deja la ropa sucia tirada hasta que no tiene nada limpio que ponerse, y prefiere morir de inanición antes que comer verdura. Sin embargo, los padres de sus amigos te dicen que, en sus casas, tu hijo come verdura como si no hubiera un mañana y ayuda muchísimo y es muy ordenado. Y qué alegría, piensas tú a la vez que te planteas por qué el angelito no podría ser igual en casa.

¿Por qué se comporta de manera diferente dependiendo de dónde esté? Porque, como ya hemos dicho en otros capítulos, el contexto influye en nuestro comportamiento. Tu hijo no se comporta de la misma manera en el colegio, en casa, con sus abuelos o con sus amigos. La manera en la que se viste, habla, saluda o se mueve cambia dependiendo de con quién y dónde esté.

Que tu hijo en casa no sienta la necesidad de ser perfecto es, en realidad, positivo. Quiere decir que en casa se siente libre para portarse como realmente es, porque es su sitio seguro, porque sabe que vais a estar siempre ahí para él. Y ese sentimiento de seguridad es una maravilla para cualquier niño.

Hay padres que me dicen que sus hijos se portan muy bien en el colegio y mal en casa. La doctora Lisa Damour, gran experta en adolescentes, lo explica diciendo: «el colegio saca lo mejor de los niños y nosotros, lo que queda». Y es así, la gran mayoría de niños llegan agotados del colegio y lo único que quieren es estar tranquilos sin nadie que les diga qué hacer, dónde ir y cómo comportarse.

Mi hijo dice que no vale para nada

Pocas cosas nos duelen más a los padres que nuestro hijo no se quiera a sí mismo. Escuchar a tu hijo decir: «Soy tonto», «No le caigo bien a nadie» o «Todos lo hacen mejor que yo» te rompe el corazón.

Pero tenemos que ir más allá de ese dolor y tratar de entender el proceso mental de nuestro hijo. Debemos investigar si es un comentario puntual en respuesta a algo que le ha pasado o si es su manera de pensar sobre sí mismo.

Hay veces que estos comentarios son una reacción a una situación que le ha causado dolor. Por ejemplo, suspende un examen y dice que es tonto. A menudo, nuestra primera reacción es decir: «Qué tonterías dices, si tú eres listísimo». Y es totalmente comprensible responder así, pero la realidad es que no le estamos escuchando. Más bien, estamos minimizando sus sentimientos. Es mucho mejor que le escuchemos y atendamos su dolor. Invítale a que te cuente qué ha pasado para que piense así. Ayúdale a analizar la situación: «Entiendo que haber suspendido el examen es una faena, pero ¿por qué quiere decir eso que seas tonto?», o «¿No puede ser que tuvieras un mal día o que no hubieras estudiado bastante?». Con estas preguntas cuestionas su razonamiento en vez de minimizarlo. Cuando lo minimizamos, no lo estamos cuestionando, solo lo estamos escondiendo y eso no ayuda al niño.

Sin embargo, hay ocasiones en que nuestro hijo está convencido de que no vale para nada, de que todos son mejores que él o que no le cae bien a nadie. No es una respuesta a un hecho puntual, sino que es su manera habitual de pensar sobre sí mismo. Hay una diferencia enorme entre decir «Qué mal me ha salido esta presentación» y «Es que no valgo para nada». Si es el caso de tu hijo, hay que estudiar qué está pasando y puede ser una buena idea acudir a un psicólogo especialista en infancia o adolescencia. Hazlo, sobre todo, si estos pensamientos son persistentes y están afectando a su día a día.

Mis hijos no paran de pelearse

Este es un tema que desespera y mucho. Pero, como pasa con otros temas, muchas veces es porque no sabemos qué es lo normal. Si no sabemos cuánto se suelen pelear los hermanos, ¿cómo vamos a saber si lo de nuestros hijos entra dentro de lo normal? ¿Sabes cuántas veces se suelen pelear los hermanos en edad preescolar? Entre ocho y diez veces cada hora que juegan juntos. Cada hora. Con este dato, estoy casi segura de que ya no te parece que lo de tus hijos se sale de lo corriente. Ojo, que sea normal no quiere decir que no te desespere, pero tal vez te sientes menos solo en tu desesperación. A medida que los hermanos crecen, se van peleando menos. Entre hermanos adolescentes suele haber conflictos varias veces al día.

Otro tema es si debemos intervenir o no cuando se peleen. Yo te diría que, a no ser que veas peligrar la integridad física de alguno de ellos o que uno esté abusando verbalmente del otro, dejes que solucionen sus problemas entre ellos. No tienes que intervenir siempre. Y cuando intervengas, pon paz, pero no hagas de juez. «¡Pero mamá, ha empezado ella! ¡Ella le arrancó la cabeza a mi muñeca!», chilla tu hija. «Se la arranqué porque ella me rompió el camión de bomberos!», grita tu otra hija. Tú no estabas ahí, no has visto lo que ha pasado, así que ¿para qué te vas a meter en quién tiene razón? Pon paz, que dejen de gritar y que se arreglen entre ellas.

Es cierto que hay veces que puede darse *bullying* o abuso entre hermanos. Se estima que entre un 15 y un 50 por ciento de niños sufre *bullying* por parte de un hermano. Esto quiere decir que es la forma más frecuente de maltrato. Es más frecuente que el maltrato por parte de padres, iguales o adultos. Pero la realidad es que hay pocos estudios sobre este tema, en parte porque es un tema complicado de estudiar. Preguntar a los padres no sirve de mucho, pues a veces no saben qué está ocurriendo o saben que sus hijos se llevan mal pero no conocen la gravedad de la situación. Y también se estudia poco porque siempre se ha considerado que las peleas entre hermanos es parte normal del desarrollo. Pero el *bullying* no es exactamente una pelea entre hermanos, va más allá. Implica que un hermano le haga sistemáticamente la vida imposible al otro. En este caso, debemos siempre intervenir.

9

¿Y qué hacemos con los demás?

La crianza siempre ha sido una tarea compartida. Compartida con el resto de la familia, amigos, vecinos... Hasta hace muy poco, era de lo más normal que unos perfectos desconocidos regañaran a cualquier niño que se estuviera portando mal en la calle. Sin embargo, hoy en día, como dice un artículo publicado en 2025 en *The Atlantic*, la gran mayoría de nosotros no nos atrevemos a reprender a un niño que no es nuestro. La crianza actual puede resumirse en la frase «cada uno que lidie con sus hijos, que yo ya tengo bastante con los míos». Hace unos meses, una madre me preguntó si debía contarle a una amiga que su hijo estaba consumiendo drogas. En mi opinión, es algo que hay que contar. Si tú sabes que un adolescente se está poniendo en riesgo, hay que decirlo. A mí, desde luego, me gustaría que me lo dijeran.

Y este cambio a una crianza más solitaria no es bueno para nadie. Sabemos que las madres que tienen a sus padres cerca sufren menos de depresión, los abuelos que tienen una buena relación con sus nietos gozan de una mayor calidad de vida, y a los niños les viene muy bien tener a adultos alrededor que los quieran y en los que puedan confiar.

Por eso, hoy en día, los que nos sentimos acompañados en la crianza de los hijos podemos considerarnos muy afortunados. Aunque también es cierto que «educar en compañía» no siempre es fácil. Y no es fácil porque en esto de educar todos tenemos una opinión y las opiniones no siempre coinciden.

Veamos por qué y qué podemos hacer para que diferentes formas de educar a nuestros hijos puedan convivir.

YO PONGO LÍMITES, PERO MI PAREJA NO. ¿QUÉ HACEMOS?

Este es un tema que a menudo sale a colación en mis sesiones con padres. Y lo hace con frases como «Mi marido pega a los niños y a mí me parece fatal», «Mi mujer le da todo tipo de caprichos a mi hija y la está malcriando», o «Mi marido deja beber en casa a nuestro hijo adolescente y yo estoy en contra». La realidad es que hay todo tipo de desacuerdos entre las parejas a la hora de educar. Y hay desacuerdos fundamentalmente porque todos tenemos diferentes valores. Nuestros valores (seamos capaces de identificarlos o no) guían nuestra vida y también la educación que les damos a nuestros hijos. Tenemos al padre que valora muchísimo la excelencia académica y a la madre que le parece suficiente con que su hijo saque un aprobado. O a la madre que desea que su hijo sea productivo y le apunta a setenta y cinco extraescolares, y al padre que valora el tiempo libre.

Por eso, es bueno que, si estáis pensando tener hijos, habléis sobre vuestros valores. Si veis la vida de manera muy diferente, es probable que os cueste mucho más educar a vuestros hijos en armonía. Discutir asuntos como la distribución de tareas, la religión, los colegios o la disciplina os permitirá conoceros mejor e identificar posibles puntos de conflicto. Si ya tienes hijos y tu pareja y tú no os poneis de acuerdo sobre estos temas, es un buen ejercicio sentaros a reflexionar sobre vuestros valores como padres. ¿Qué valores queréis transmitir a vuestros hijos y cómo lo vais a conseguir?

En esto de coeducar también influye cómo nos educaron a nosotros. Porque, claro, si tu infancia fue más o menos buena, probablemente pienses que la manera en la que tus padres te educaron a ti es «la normal». Pero lo cierto es que cuando educas a tu hijo con alguien te das cuenta de que «lo normal» no existe. Es muy posible que en casa de tu pareja se hicieran las cosas de forma diferente a como se hicieron en la tuya («¿Cómo que el niño se puede dejar la comida? A mí me enseñaron a que había que comerse todo y, si no, para desayunar»). Por eso antes de enfadarte, recuerda que en esto de la crianza pocas veces hay una única manera de hacer las cosas.

A menudo, las parejas, más que estar en desacuerdo sobre algún asunto puntual, tienen formas totalmente diferentes de educar. Aunque esta situación es muy común, no hay demasiada investigación sobre cómo afecta a los niños. Seguro que has oído que hay cuatro estilos de crianza: democrático (el más efectivo según muchísimos estudios), autoritario, permisivo y negligente. Como ya vimos, no hay duda de que lo mejor para un niño es que sus dos padres sean democráticos, es decir, que sean muy cariñosos y que pongan límites claros. En el caso de que los padres tengan diferentes estilos de crianza, es preferible para el niño que al menos uno de los dos sea democrático.

Algo que conviene recordar siempre que discutáis por los niños es que los dos queréis lo mejor para ellos. El problema es que, a veces, la manera en la que queremos conseguirlo puede ser muy distinta. Es decir, si a tu marido le parece bien que vuestro hijo adolescente beba alcohol con vosotros, seguro que no es porque quiera que el chico desarrolle una cirrosis temprana, sino porque piensa que con vosotros aprende a beber de manera segura (por cierto, las últimas investigaciones dicen que no es bueno que los adolescentes beban con sus padres de manera habitual). Idealmente, debéis llegar a un consenso sobre los temas que para vosotros sean espinosos en el que los dos os sintáis cómodos. Por ejemplo, podríais llegar a un punto medio acordando que vuestro hijo beba con vosotros en ocasiones especiales y no todos los fines de semana.

Tengo que educar con mi ex: ¿desastre asegurado?

¡No necesariamente! No hay duda de que educar con un ex puede ser más difícil, pero hay mucha gente que lo consigue e incluso disfruta del proceso.

Antes de nada, déjame decirte que el divorcio en sí mismo no tiene por qué ser malo para los niños. Lo que es malo es el conflicto. Es decir, estén juntos o separados los padres, ningún niño debería crecer en una familia en la que haya peleas continuas. Por este motivo, eso de «no me separo por los niños» no es una buena idea si supone que vuestro hijo esté todo el día presenciando vuestras peleas. Si vuestra relación es conflictiva, es mejor una separación.

Cuando esto ocurre, los niños suelen pasar por un periodo difícil. Y es normal, porque, por más que esté a la orden del día, a ningún niño le gusta que sus padres se separen. Pero la realidad es que, tras una primera fase más complicada, no suele haber grandes diferencias entre los niños que crecen con sus padres juntos y los que lo hacen con sus padres separados. Sí que hay diferencias cuando la familia vive en el conflicto, estén los padres juntos o separados. Y como te puedes imaginar, les suele ir peor a los hijos de padres que se llevan fatal.

Cuando hay un divorcio y los niños pasan a vivir entre dos casas, idealmente, las dos casas deberían tener las mismas reglas y límites. O al menos, lo más parecidas posible. Cuándo irse a la cama, las normas en el uso de pantallas o la hora de llegada por la noche deberían ser iguales. ¿Por qué? Porque a los niños les va mejor cuando tienen una rutina y un ambiente consistente. Los niños necesitan que sus padres les transmitan seguridad.

¿Y QUÉ HAY DE LOS ABUELOS?

Siempre se dice que los padres están para educar y los abuelos para consentir. Y yo estoy de acuerdo, pero con algún matiz. No existe un prototipo de abuelo: los hay consentidores, estrictos, muy presentes, casi extraños, jóvenes, enfermos... Lo que está claro es que, en España, cada vez más abuelos ejercen de cuidadores de sus nietos de manera habitual. Según una encuesta reciente, el 35 por ciento de los mayores de sesenta y cinco años cuida a sus nietos varios días a la semana.* Esto quiere decir que, para muchos niños, sus abuelos son figuras muy presentes en su día a día. Muchos abuelos han pasado de organizar la comida de los domingos a ser los encargados de llevar o recoger a sus nietos del colegio, llevarlos al parque y a clases extraescolares, y asegurarse de que hacen los deberes.

Así que tenemos que diferenciar entre dos tipos de abuelos. A los abuelos cuidadores no les queda más remedio que educar más y maleducar menos. Pero si los abuelos ven a sus nietos los domingos para comer, o ni eso, porque viven en otra ciudad, pues a mí me parece bueno que los maleduquen. Ahora bien, hay que matizar qué es maleducar: maleducar «bien» es dar a los nietos una propina semanal para que se compren chuches, ver con ellos tres películas seguidas un domingo por la tarde o dejarles que hagan una cabaña gigante en el salón usando todos los almohadones de la casa. Los niños saben perfectamente que en casa de los abuelos hay unas reglas y que sus padres tienen otras.

* «Abuelos y crianza. El papel protagonista de las personas mayores en el cuidado a la infancia» <https://cms.aldeasinfantiles.es/uploads/2024/07/informe-2024-abuelos-y-crianza-Aldeas-Infantiles-SOS.pdf>.

Y eso está bien. Maleducar no puede consistir en que los abuelos quiten la autoridad a los padres o que eduquen a sus nietos en valores contrarios a los que tienen en casa. Eso no beneficia ni al niño, ni a la relación entre los abuelos con sus hijos, ni a la relación de pareja. Los padres deben tener siempre la última palabra en la educación de sus hijos.

La convivencia entre generaciones no es fácil, pero con diálogo, cariño y estableciendo límites claros, resultará muy beneficiosa para todos. Se trata de encontrar un equilibrio entre el respeto a las normas que establecen los padres y la libertad de los abuelos a establecer un vínculo más libre y relajado con sus nietos.

El profesor siempre tiene la razón. ¿O no?

Todos recordamos, para bien o para mal, a alguno de nuestros profesores: el que nos entendió cuando nos sentíamos incomprendidos por el mundo, el que nos intimidaba porque era muy estricto o el que nos descubrió nuestra pasión por una materia. Y es que los profesores son figuras importantes en la vida de un niño. Hay estudios que demuestran que, en casos de niños que sufren situaciones de abandono o de abuso en sus casas, un profesor involucrado puede marcar una diferencia en sus vidas.

Sin embargo, parece que algo ha cambiado en los últimos años y son muchos los profesores que dicen que ya no se los respeta como antes. ¿Qué ha cambiado para que hoy en día los docentes digan que los padres les quitan la autoridad? ¿Por qué los padres se ponen de parte de sus hijos y no del profesor? ¿Por qué hay niños que llegan a agredir a sus profesores? En 2024, el defensor del profesor en España recibió 157 llamadas de docentes denunciando agresiones de alumnos, un 14 por ciento más que el año anterior.

Existen dos factores principales que explican este cambio. El primero es la sobreprotección de los padres hacia los hijos. Como no queremos que nuestros niños sufran, cuestionamos al profesor y, de esta manera, le quitamos autoridad y le dejamos sin herramientas. El segundo es un cambio en la manera de educar de los profesores. Igual que los padres hemos pasado de un modelo muy autoritario a otro más permisivo, los profesores han pasado de llevar corbata en clase, y que les llamaran de usted, a querer ser colegas de los alumnos. Y, claro, cuando somos los colegas de los alumnos, se difuminan los límites y, en algunos casos, los alumnos acaban perdiendo el respeto al profesorado. Se sienten por encima de ellos y eso no puede ser.

Padres y profesores tenemos que ir a una por el bien de nuestros hijos. En mis sesiones con padres, algunos dudan si decir en el colegio que su hijo se está autolesionando o que están atravesando un divorcio. Yo siempre les digo lo mismo: hay que decirlo: los profesores necesitan saber qué pasa en casa. Es muy difícil que un niño que lo está pasando mal sea capaz de concentrarse en clase. Y de la misma manera, los padres necesitan saber qué sucede en el colegio para poder acompañar a sus hijos. Esto va de trabajar en equipo por el beneficio de nuestros niños.

Pantallas: ¿cómo poner límites?

¡Ay, las pantallas! Este es sin duda el tema estrella para los padres de nuestra generación. Además, es un tema que cada vez genera más división: en un lado del ring, tenemos a los que están totalmente en contra (los «buenos padres», según muchos), y en el otro lado, están los que dejan a sus niños las pantallas más tranquilamente («los malos padres»). Cuando hay tanto caos sobre un mismo asunto, es fundamental ir a los datos. ¿Qué dice la investigación? Veamos.

La realidad es que los estudios sobre este tema son muy contradictorios. Y esto ocurre porque es un campo muy complicado de estudiar y, además, es relativamente nuevo. ¿Cuáles son mis conclusiones? La pantalla en sí misma no es mala. No es que salga de ella un *gremlin* que hace que nuestros hijos se conviertan en monstruos o en idiotas. Debemos dejar de demonizar a la pantalla y tener en cuenta tres aspectos para aclararnos en este tema.

El primero es cómo es nuestro hijo. Hay niños que se «enganchan» más y otros menos; hay niños que son más propensos a meterse en líos online que otros; hay niños que utilizan las pantallas para aprender... En función de cómo sea tu hijo, tienes que ajustar su acceso a las pantallas.

El segundo aspecto es el uso que le da el niño a la pantalla. No es lo mismo que un niño se pase dos horas encerrado en su cuarto viendo porno que ese mismo niño esté dos horas online jugando al *FIFA* con tres amigos mientras ríen y hablan de sus cosas. No es lo mismo. Muchas veces los padres nos obsesionamos con el tiempo de pantalla («¡Llevas toda la tarde con la Play!»), cuando en realidad es mucho más importante entender qué está haciendo el niño con la pantalla.

El tercer aspecto es qué deja de hacer el niño por estar con la pantalla. ¿Está dejando de leer, de ver a amigos, de hacer deporte, de estudiar o de dormir? En ese caso, tenemos que modificar los hábitos de nuestro hijo con la pantalla. Como en casi todo en la vida, la clave está en la moderación. Idealmente, debemos encontrar un equilibrio entre las pantallas, el deporte, el juego, los deberes y el tiempo con amigos y la familia.

Tenemos que darnos cuenta de que, igual que educamos a nuestros hijos para la vida real, debemos educarlos para la vida digital. El problema no es tanto a qué edad le demos el móvil, sino cómo los preparamos para el móvil. Del mismo modo que no dejas que tu hijo salga solo sin enseñarle a cruzar la calle, no le puedes dejar empezar su vida online sin una educación. Y esa educación tiene que ser continua, porque el mundo digital cambia constantemente. ¿Es un rollo? Sí, pero las pantallas están aquí para quedarse y no podemos ignorarlas.

Otro aspecto del que se habla mucho, sobre todo desde que Jonathan Haidt publicó *La generación ansiosa*, es que las pantallas tienen toda la culpa de los problemas de salud mental de los niños y adolescentes. Lo cierto es que no es así. La realidad es que, con los datos que tenemos ahora mismo, no se puede hacer esta afirmación. ¿Que las pantallas pueden tener algo que ver? Sí. Pero ¿que la única culpa es de las pantallas? No. La salud mental es un tema muy complejo y los temas complicados raramente tienen una única causa, por mucho que nos gustase que fuera así. Pero, claro, para vender libros y conseguir clics es mucho mejor demonizar a las pantallas y crear pánico entre los padres.

Quizá estás pensando que te parece estupendo lo que te estoy contando, pero que a ti lo que te importa es cómo dejar de pelearte con tu hijo por las dichosas pantallas. Y te entiendo perfectamente, pues durante años yo me fui a dormir como una vendedora ambulante: mandos de la PlayStation, teléfonos, iPads... solo me faltaba llevarme la tele y el rúter. Para evitar conflictos, lo mejor es sentar los límites antes de darle cualquier pantalla a tu hijo: cuánto tiempo se usa, dónde se usa, dónde se carga y qué pasa si los límites no se cumplen. ¿Mi recomendación? Las pantallas son mías (con lo cual las puedo revisar si lo creo conveniente, «no porque te quiera controlar, sino porque te quiero y tu seguridad es mi responsabilidad»), se utilizan en los espacios comunes, nunca por la noche en sus cuartos y nunca en la mesa. Si se rompen las normas, se quedan sin pantallas un tiempo, dependiendo de la edad y de la gravedad.

Terminaré con un punto importante del que se habla poco: nuestros propios límites con las pantallas. El mayor predictor del uso de la pantalla de los niños es el uso de sus padres. Si estás todo el día pegado al móvil, es muy probable que tus hijos hagan lo mismo. No olvidemos que los niños aprenden fundamentalmente por imitación. Si quieres que tu hijo tenga una relación sana con las pantallas, lo mejor que puedes hacer es tenerla tú.

10

¿Qué hay de los niños neurodivergentes?

La crianza no es fácil para nadie, pero hay un grupo de padres para los que suele ser especialmente difícil: los padres de niños neurodivergentes. Estos padres se enfrentan no solo al reto de educar a sus hijos, sino que lo hacen a la vez que sufren estigma social y navegan por un mar de especialistas, diagnósticos y tratamientos. Por todo esto, me gustaría dedicarles este capítulo a ellos.

¿Qué es la neurodiversidad?

Me he lanzado con el tema y quizá no tengas claro qué es la neurodiversidad. Este término lo acuñó la socióloga Judy

Singer en los años noventa para promover la aceptación de las personas con autismo. Con el tiempo, el concepto de neurodiversidad pasó a incluir otras condiciones neurológicas, como el TDAH, la dispraxia o los tics.

Se estima que uno de cada seis niños tiene algún tipo de neurodivergencia. Hay varios tipos de neurodivergencia: trastorno del espectro autista (TEA), trastorno por déficit de atención e hiperactividad (TDAH), trastornos del desarrollo intelectual, trastornos de la comunicación, trastornos del aprendizaje (como la dislexia, la discalculia o la disgrafia) y trastornos de las habilidades motoras (como la dispraxia). En la actualidad, los más comunes son el TEA y el TDAH.

Puede que tal vez estés pensando: «¿Cómo puedes meter en el mismo saco a un niño con autismo severo y a uno con una ligera dislexia?». Y en parte tienes razón. El mundo de la neurodiversidad es muy complejo y las diferencias entre los niños es enorme. Por eso te invito a que en este capítulo te quedes con lo que te sirva e ignores lo que no es para ti.

Una persona neurodivergente es alguien a quien el cerebro le funciona de manera diferente comparado con el de la persona neurotípica. Las personas neurodivergentes no son mejores ni peores, simplemente tienen otra manera de procesar la información y de estar en el mundo. Es cierto que pueden tener ciertas dificultades, pero también tienen puntos fuertes. Por ejemplo, a muchos niños con autismo les cuesta hacer amigos, pero también suelen ser detallistas y meticulosos. También hay niños con TDAH a los que no les va bien académicamente, pero que son muy creativos. Por tanto, la idea no es que debemos llevarlos al territorio del niño neurotípico, sino que debemos apoyarles para potenciar sus puntos fuertes y desarrollar aquellas habilidades que les cuestan más.

Dicho esto, hay una tendencia hoy en día a romantizar la neurodivergencia con mensajes como: «Qué suerte tienes, ves cosas que otros no ven» o «Tu condición es un superpoder», con la que yo no estoy del todo de acuerdo. Y no estoy de acuerdo porque me parece que minimiza el sufrimiento y las dificultades a las que se enfrentan las familias con niños neurodivergentes. No podemos olvidar que muchos niños neurodivergentes fracasan en el colegio, en parte, porque el ambiente escolar no está hecho para ellos. Muchos encuentran el ruido, la rigidez de los horarios y las luces brillantes insoportables. Tampoco podemos obviar que los niños neurodivergentes suelen sufrir más *bullying* y rechazo social porque el resto de los niños los consideran diferentes. Como tampoco podemos ignorar que los niños neurodivergentes presentan mayores tasas de problemas de salud mental, como depresión o ansiedad, que los niños neurotípicos. Y no es que la neurodivergencia sea la causa de estos problemas, sino que aparecen debido a diversos factores como el estigma social, los problemas en las relaciones sociales, el diagnóstico tardío o la sobrecarga sensorial.

Todo esto genera sufrimiento a los padres. No es casualidad que los padres de niños neurodivergentes tengan más estrés y peor salud mental que los padres de niños neurotípicos. Tampoco es casualidad que los padres de niños neurodivergentes que trabajan fuera de casa abandonen sus trabajos mucho más frecuentemente que los padres de niños neurotípicos. Está claro que estos padres necesitan más apoyo de las instituciones y más comprensión por parte de todos nosotros.

Antes de seguir, desmontemos algunos bulos

El mundo de la neurodivergencia está lleno de bulos y desinformación. Uno que está muy extendido y que es increíblemente dañino es que la «culpa» de que un niño sea neurodivergente es de los padres. Este mito existe desde hace años, aunque el formato va cambiando. En los años sesenta la teoría de la madre nevera mantenía que los niños desarrollaban autismo cuando sus madres eran muy frías y no les daban cariño. Esta teoría nunca tuvo ninguna evidencia científica y pronto fue abandonada. Pero todavía seguimos culpando a los padres. Si te das una vuelta por las redes sociales, verás que la «culpa» de que un niño tenga autismo es ahora de los padres narcisistas. De nuevo, cero evidencia científica. Los padres de niños con TDAH también reciben lo suyo. ¿Quién no ha escuchado los ya típicos comentarios «En mi época no había TDAH, esto es todo culpa de los padres que los malcrían» o «Tu hijo lo que necesita es mano dura y ya verás cómo se le pasa la tontería»? Pues tampoco. Los padres no son responsables de que su hijo sea neurodivergente. ¿Te imaginas el sufrimiento que estos bulos causan a tantos padres y madres?

Ya está bien de culparlos. Los padres no son la causa de que sus hijos sean neurodivergentes.

Las pantallas tampoco causan el TDAH. Dicho esto, que no lo causen no quiere decir que sean buenas para ellos. Las pantallas tienden a desregularnos, y como los niños con TDAH suelen tener ya de por sí problemas para regularse, el uso de la pantalla puede ser especialmente perjudicial para ellos, pero no es la causa. Hay incluso especialistas que mantienen que para algunos niños neurodivergentes las pantallas pueden ser beneficiosas. Les pueden ayudar a conectar con otros niños, a aprender ciertas habilidades o a desarrollar sus funciones ejecutivas (con la ayuda de calendarios y recordatorios).

Otro bulo que continúa haciendo mucho daño es que el autismo lo causan las vacunas. Esta idea surgió de un estudio que se publicó en los años noventa en *The Lancet*. El estudio decía demostrar una relación entre la vacuna del sarampión y el autismo. Pues bien, años después se demostró que ese estudio estaba falseado. En 2010 el Consejo General de Medicina del Reino Unido dictaminó que su autor, Andrew Wakefield, no era apto para ejercer la profesión. *The Lancet* retiró el artículo y afirmó que sus conclusiones eran falsas. Pero el daño estaba hecho y tristemente esta idea aún persiste, perjudicando a muchos niños cuyos padres deciden no vacunarlos. Y no es que estos padres no quieran lo mejor para sus hijos, es que son víctimas de la desinformación.

La última polémica sobre el autismo saltó en septiembre de 2025 cuando la administración Trump anunció un informe concluyendo que el uso de paracetamol durante el embarazo causa autismo en los niños. Es cierto que hay estudios que han encontrado una relación entre el paracetamol y el autismo, pero ningún estudio ha demostrado que el paracetamol causa autismo. Es fundamental recordar que el hecho de que dos factores estén relacionados (paracetamol y autismo) no implica que un factor cause el otro. Una correlación no implica causalidad. Con los datos que tenemos a día de hoy no podemos concluir que el paracetamol en el embarazo causa autismo.

¿Y QUÉ PASA CON LOS LÍMITES EN LOS NIÑOS NEURODIVERGENTES?

Los niños neurodivergentes también necesitan límites. Los necesitan incluso más que los niños neurotípicos porque suelen tener más problemas para regularse, con lo cual demandan más estructura y seguridad. Es importante darnos cuenta de que, si nuestra casa debe ser siempre el refugio de nuestros hijos, a los niños neurodivergentes todavía les hace más falta ese refugio. ¿Por qué? Porque para muchos de ellos el mundo es muy hostil. Mucho más hostil que para los niños neurotípicos. Por ello, hay que ponerles límites y estructura, pero haciéndoles sentirse queridos y aceptados tal como son. En casa deben tener la oportunidad de recuperar fuerza y seguridad en ellos mismos. Elige tus batallas para no estar las veinticuatro horas del día corrigiendo a tu hijo. Reconoce sus puntos fuertes para potenciar su seguridad en sí mismo.

Muchos niños neurodivergentes tienen, en mayor o menor medida, problemas con las funciones ejecutivas. Las funciones ejecutivas son como el CEO del cerebro. Sin ellas, es muy difícil controlar nuestros impulsos, planificar, organizar, recordar instrucciones, manejar el tiempo de manera efectiva, cambiar de tarea... Viven en la parte delantera del cerebro, y como el cerebro se desarrolla de atrás hacia delante, son de las últimas habilidades que desarrollamos.

Estos problemas con las funciones ejecutivas hacen que a muchos niños neurodivergentes les cueste más estarse quietos, sean impulsivos, les vaya mal en el colegio, pierdan material escolar, tengan problemas en sus relaciones con otros niños..., con lo cual muchas veces los padres se desesperan y piensan que su niño es un raro, un vago, un desastre, un maleducado o un cara dura, pero no es así. Es simplemente que no saben hacerlo mejor. Hacen lo que pueden.

Por todo esto, es fundamental el diagnóstico temprano y un tratamiento personalizado. El tratamiento de los niños neurodivergentes es multimodal y suele tener tres patas: terapia para el niño, medicación (aunque no siempre) y terapia o «entrenamiento» para los padres. A menudo, cuando los padres reciben este entrenamiento, ellos mismos y la sociedad interpretan que les hace falta porque, como no han sabido educar a su hijo, este es neurodivergente. No es así. El entrenamiento para padres es necesario porque educar a un niño neurodivergente requiere de unos conocimientos y unas herramientas que los padres no tenemos. Por ejemplo, los padres no tenemos por qué saber que para muchos niños con TEA una fiesta de cumpleaños es horrible porque no pueden soportar tanto ruido. Por lo tanto, con este entrenamiento se busca que los padres aprendan técnicas que les permitan educar a sus hijos de acuerdo con sus necesidades específicas.

Estrategias para padres de niños neurodivergentes

Olvida tus ideas sobre crianza y educación. Mucha de la información que damos los profesionales no sirve para los padres de niños neurodivergentes. Y no sirve porque estos niños se desarrollan de manera diferente. Por ejemplo, tenemos la idea de que todos los niños deben estudiar en silencio y sin distracciones, pero es posible que tu niño con TDAH estudie mucho mejor moviéndose. Ignorar ideas preconcebidas y mantener una mente abierta es fundamental para adaptarte mejor a las necesidades de tu hijo. Marca tus propios ritmos y olvídate de todo aquello que no te ayude.

Investiga la condición de tu hijo. Si tienes un hijo neurodivergente, conviértete en un detective de su condición. Infórmate sobre los orígenes del trastorno, especialistas, tratamientos, avances en la investigación... ¿Por qué? Porque la información es poder. Tu hijo estará mucho mejor y tú te sentirás más seguro sabiendo que tienes las herramientas adecuadas para apoyarle. Por ejemplo, saber que los niños con TDAH no suelen responder bien a las críticas y que, sin embargo, responden especialmente bien a los halagos, te ayuda a ti y a tu hijo.

Conoce a tu hijo. Al igual que no hay dos niños neurotípicos iguales, tampoco hay dos niños neurodivergentes iguales, ni dos niños con TEA iguales, así que debemos esforzarnos en conocer y entender lo mejor posible a nuestro hijo. El primer paso para conocer a nuestro hijo es aceptarle tal y como es. Aprender a ver el mundo a través de sus ojos. Educar al hijo que tenemos, y no al hijo imaginado o soñado. Aceptar que a nuestro hijo le cuesta diez minutos atarse los cordones nos ayuda a vivir esos momentos con más calma y evita que le transmitamos nuestra frustración.

Adáptate a tu hijo. Antes de tener hijos, todos tenemos en la cabeza una familia soñada. Este sueño se ve muchas veces alterado cuando tenemos un niño neurodivergente. Puede ser que, en tu familia soñada, el desayuno en familia fuera un momento importante en vuestro día a día. Pero si resulta que tu hijo con TDAH se despierta poco cooperativo porque la medicación no le hace efecto hasta pasada una hora, los desayunos en familia como te los habías imaginado no tienen cabida. Hay que aceptar que es probable que solo puedas tener tus desayunos imaginados los fines de semana, cuando tenéis más tiempo, o que, en vez de desayunar, merendéis, porque tu hijo a esa hora funciona mejor.

Educa a tu hijo sobre su condición. En muchas ocasiones los padres, para evitar que sus hijos sufran, les ocultan el diagnóstico. Por eso hay tantos niños que toman medicación o que van todas las semanas a un especialista sin saber por qué. Esto no tiene mucho sentido porque al final, cuando el niño se entere de que tiene «algo» (y se acabará enterando, queramos o no), lo va a vivir como algo vergonzoso y que hay que ocultar. Al niño hay que decirle la verdad, de una manera que lo entienda, dependiendo de su edad. Hay que decir la verdad porque el niño tiene que ser parte activa en su tratamiento. Debe saber lo que le pasa, para que pueda desarrollar unas herramientas personales que le ayuden a gestionar su condición. Estrategias como desactivar las notificaciones del móvil para evitar la sobreestimulación, apuntar por la mañana todo lo que tiene que hacer ese día o hacer pausas frecuentes pueden suponer una diferencia enorme para el día a día de un niño. Y solo puede aprender a hacerlo si entiende el porqué.

No te olvides del resto. Cuando estamos tan centrados en las necesidades de nuestro hijo neurodivergente, sin darnos cuenta, podemos ignorar las de nuestro hijo neurotípico. Esto es totalmente comprensible. Al fin y al cabo, nuestro tiempo y nuestra capacidad para dar son limitados. A los niños que tienen un hermano neurodivergente o con una enfermedad crónica se los conoce como «niños de cristal», pues se vuelven invisibles. Sus necesidades se ven ignoradas en beneficio de su hermano. Les hacemos mayores antes de tiempo. Y ellos, muchas veces, para no añadir más carga a sus padres de la que ya tienen, ocultan sus problemas o minimizan sus necesidades. Pero no todo es negativo para los niños de cristal. Un estudio sugiere que son capaces de entender las necesidades y emociones de los demás desde una edad temprana y que son especialmente resilientes. Con todo esto, no te quiero hacer sentir mal, solo invitarte a reflexionar y que sepas que, si este párrafo refleja tu experiencia, no estás solo.

Encuentra tu tribu. Ya hemos dicho muchas veces que los padres de hoy en día se sienten solos, pero la soledad en el caso de los padres de niños neurodivergentes suele ser aún mayor. Estos padres suelen sentirse incomprendidos y juzgados. Además, cuando reciben un diagnóstico tienen que adaptarse a una situación que no esperan y para la que no están preparados. Por eso, aunque la experiencia de cada familia es diferente, encontrar otras familias que están pasando por una situación similar suele ser de gran ayuda.

Otro problema que agrava la soledad de estas familias es que, a veces, les resulta difícil convivir con otras familias. Ir a pasar el día juntos, organizar un plan de fin de semana o simplemente quedar a merendar les puede resultar muy complicado. La convivencia con otros niños hace más evidentes las dificultades del niño neurodivergente y esto genera tensión en sus padres. La preocupación por si su hijo se integrará con los otros niños y el miedo a sentirse juzgados les obliga a estar alerta y a no bajar la guardia durante el tiempo que dure la convivencia. Así que es habitual que se acaben aislando para evitar tensiones. Aliviar este problema depende en gran medida de todos nosotros. Debemos informarnos sobre los retos a los que se enfrentan las familias con niños neurodivergentes para mirarlos con empatía y así incluirlos y apoyarles.

Pelea por tu hijo. Todos los padres peleamos por nuestros hijos, pero los padres de niños neurodivergentes tienen que pelear mucho más. Y lo hacen porque la sociedad no está pensada para sus hijos. Y porque, además, dependiendo de la condición que tenga su hijo, viven con angustia no saber que será de él cuando ellos falten.

11

Tu hijo tiene que aprender a establecer sus propios límites

A muchos de nosotros nos cuesta poner límites. ¿Por qué? Porque nos resulta difícil ser asertivos, porque nos enseñaron a obedecer sin cuestionar nada, porque queremos quedar bien con todo el mundo, porque no queremos decepcionar a nadie... En fin, puede ser por muchas razones. El problema es que cuando no ponemos límites, nuestra calidad de vida se resiente. Se resiente cuando no le digo a una amiga que estoy harta de que siempre cancele en el último momento; cuando no le digo a mi jefe que me parece injusto que me pida siempre quedarme hasta tarde; o cuando no le digo a mi marido que soy la que siempre acaba tirando de los niños. Por esta razón, debemos ayudar a nuestros hijos a que aprendan a establecer sus propios límites.

Como hemos visto, en la crianza la mejor manera de enseñar algo a nuestros hijos es que nos vean hacerlo. Por ello, si quieres que tus hijos desarrollen sus propios límites, tienen que verte establecerlos con ellos y contigo mismo. Por ejemplo, si cuando estás hablando con alguien permites siempre que tu hijo te interrumpa, le estás dando el mensaje de que tu tiempo no es importante. Decirle: «Espera a que termine de hablar y cuando termine, te hago caso» le demuestra que tú tienes límites y, en definitiva, que te respetas a ti mismo.

Cinco habilidades básicas

En mi experiencia, para que nuestros hijos puedan establecer sus propios límites, deben desarrollar cinco habilidades: autoconocimiento, respeto a sí mismos, asertividad, empatía y capacidad de comunicación. Como ya hemos mencionado, dependiendo de su temperamento, hay niños que tienen estas habilidades más desarrolladas que otros, pero desde casa nosotros también podemos darles un empujón.

Autoconocimiento. Para poder ponernos límites a nosotros mismos y a los demás necesitamos tener cierto grado de autoconocimiento. Necesitamos saber lo que nos gusta y lo que no, lo que nos beneficia y lo que no, lo que queremos conseguir en la vida... Por ello, es importante que nuestros hijos se conozcan a sí mismos. Es necesario que sepan cuáles son sus necesidades, sus puntos fuertes y débiles, sus gustos, sus motivaciones y sus valores.

Respeto a sí mismos. Únicamente podemos establecer límites si nos respetamos a nosotros mismos. Un niño puede decirle a otro que no le gusta que le llame «inútil» si se respeta a sí mismo y no cree que el otro niño merece más respeto que él.

Asertividad. Es la capacidad de expresar nuestras opiniones, emociones y deseos sin herir a nadie, en el momento adecuado y de la forma apropiada. Cuando somos asertivos somos capaces de expresar lo que queremos y lo que no queremos. La educación más tradicional y autoritaria no promueve el desarrollo de la asertividad. Mensajes como «Aquí se hace lo que yo digo» o «Tú lo que tienes que hacer es obedecer» no promueven que el niño pueda decir lo que piensa. El niño tiene derecho a dar su opinión y más aún debe saber que tiene ese derecho. Ojo, no estoy abogando por que los niños hagan lo que les venga en gana. No. Lo que digo es que nuestros hijos deben poder decir lo que piensan. Y luego nosotros tenemos la última palabra.

Nuestros hijos necesitan aprender a ser asertivos para defenderse cuando alguien no respeta sus límites. Deben ser capaces de decir: «No me hagas cosquillas, que no me gusta», «Ahora me toca a mí» o «Yo pienso diferente». Si crecen sabiendo defender lo que piensan y lo que quieren, les será más fácil hacerlo durante el resto de su vida.

Empatía. La empatía es la capacidad de ponerse en el lugar del otro. En general, la gente empática suele tener mejores relaciones sociales, ayudan más a otras personas, perdonan más y son más agradecidos. La capacidad de sentir empatía aparece muy pronto en la vida y continúa desarrollándose a medida que el niño se hace mayor. Pero, claro, no todo el mundo es igual de empático, hay gente más empática que otra. ¿Por qué? Una parte viene de serie. Se estima que la empatía se hereda de manera moderada. Y la otra parte viene por diferentes factores. Por ejemplo, los hijos de padres democráticos suelen demostrar más empatía que los de padres autoritarios o permisivos.

¿Y qué papel juega la empatía en nuestra capacidad de

poner límites? Pues uno fundamental, porque para poner límites a otra persona necesitamos saber o intuir cómo lo va a vivir para poder gestionarlo bien. Si no, aumentan las posibilidades de que acabemos teniendo un conflicto.

Capacidad de comunicación. Gran parte de saber establecer límites radica en saber comunicárselos a los demás. Por eso, es fundamental que nuestros hijos tengan una buena capacidad de comunicación. ¿Cómo lo conseguimos? Hablando mucho en casa con ellos y dándoles la oportunidad de que expresen sus opiniones y sus sentimientos. Cenando en familia mientras comentamos cómo nos ha ido el día a todos y qué ha pasado en el mundo. También ayuda que lean, que canten, que se inventen cuentos e historias, que hagan teatro, que pasen tiempo con familia y amigos, o que participen en un club de debate.

¿QUÉ TIPOS DE LÍMITES DEBEN APRENDER NUESTROS HIJOS?

Límites sobre su propio cuerpo. En primer lugar, los niños deben aprender a valorar su cuerpo. De esta manera, serán más propensos a cuidarse. Se cuidarán más de no caer en comportamientos autolesivos como cortarse a sí mismos y entenderán mejor por qué deben dormir bien, hacer ejercicio, no comer comida basura o vapear. En segundo lugar, los niños deben saber que ellos tienen el control de su cuerpo. Que nadie tiene derecho a tocarlos si ellos no quieren. Deben saber que sus partes íntimas son eso, íntimas, y que nadie puede tocarlos sin su consentimiento. Para ello, debemos tener conversaciones sobre este tema, enseñarles a nombrar correctamente las diferentes partes de su cuerpo, y decirles qué hacer en el caso de que alguien les haga sentirse incómodos. La educación sexual es fundamental para prevenir abusos.

Últimamente se ha puesto muy de moda la idea de que, si un niño no quiere darle un beso o un abrazo a su tía abuela, por ejemplo, no se lo tiene que dar porque si le obligamos no estamos respetando sus límites. Sinceramente, yo creo que esto es exagerar un poco. No me parece que darle un beso a la tía abuela dos veces al año sea tan grave, por mucho que no le apetezca al niño. De ahí a decir que porque le obligamos a darle un beso a la tía abuela le estamos dando mensajes confusos sobre sus límites, y le ponemos en riesgo de abuso, me parece que hay un trecho. Hay normas básicas de educación que yo creo que hay que mantener. A todos nos ha pasado que no nos apetece saludar a alguien con dos besos y lo hacemos. Con los niños sucede igual, se tienen que acostumbrar a que, a veces, en la vida hay que hacer cosas que no nos apetecen.

También hay padres que se preguntan hasta qué edad es aceptable que sus hijos los vean desnudos. En realidad, no hay una edad límite. Depende de vuestros valores. Hace poco una madre me preguntó si había algún problema en llevar a sus hijos a una playa nudista. La respuesta es la misma: si es algo que os gusta hacer en familia y tus hijos están de acuerdo, pues adelante.

Límites en las relaciones sociales. Debemos también enseñar a nuestros a poner límites con otros niños desde que son pequeños. Hay que darles oportunidades de que se pongan en el lugar del otro: «¿Cómo crees que se ha sentido Pedro cuando le has pegado?» o «No puedes quitarle el tren a María por las buenas, tienes que pedirle permiso». Y también a abogar por sí mismos: «No quiero hacer pellas. Yo voy a ir a clase», «No me toques el pelo que no me gusta», o «No te puedo dejar ahora el lápiz porque me hace falta a mí».

Los límites en las relaciones sociales son especialmente importantes en la adolescencia. Durante esta etapa, los chicos se distancian de los padres y el grupo de iguales es fundamental para ellos. Encajar en el grupo es importantísimo. Por eso tienen que aprender a resistir la presión social, para que cuando llegue el momento de «Tómate una copa, que estamos todos aquí de buen rollo», «Fúmate un porro, que vas a ver qué bueno está», o de subirse en la moto de su amigo sin casco, sean capaces de decir que no. No es casualidad que los adolescentes hagan más tonterías cuando están con amigos que cuando están solos.

¿Cómo lo hacemos? De varias maneras. Primero, hablando mucho con ellos. Hay que explicarles que habrá momentos en los que sus amigos les presionarán para que hagan algo. O que sentirán la presión del grupo porque todos están haciendo algo y no querrán ser los únicos que no lo hagan. Hay que recordarles que en esos momentos es fundamental que se mantengan fieles a sus valores y no hagan nada de lo que luego se vayan a arrepentir. Hay que decirles una y otra vez que piensen siempre dos veces antes de actuar, para no hacer algo que los ponga en riesgo. Y explicarles que su cerebro no está del todo desarrollado y eso les puede llevar a cometer estupideces. Estas conversaciones conviene tenerlas frecuentemente. Nos puede parecer que nos repetimos como papagayos, pero hay investigaciones que dicen que, en este caso, repetirse funciona.

Además de contarles la teoría, les podemos ayudar a desarrollar estrategias para que sepan gestionar momentos complicados. Por ejemplo, una buena estrategia siempre que no quieran hacer algo, pero no sepan cómo decirlo, es que digan que tienen que ir al baño. También podéis practicar qué decir en esos momentos. Por ejemplo, si le ofrecen un porro puede decir: «No gracias, de momento estoy bien», si le ofrecen un pitillo, puede decir: «Mi madre está en casa y huele un pitillo a cien kilómetros», y si le presionan para tener sexo, «Si es que tengo que estar en casa ya». La idea es que tengan herramientas para que estas situaciones no les pillen por sorpresa y evitar que acaben haciendo algo que no quieren porque no saben salir de la situación.

Hay evidencia científica que indica que los hijos de padres democráticos (es decir, los que ponen límites y dan mucho amor), suelen ser más resistentes a la presión de sus amigos e iguales. ¿Por qué? Hay varias razones que pueden explicar esta relación. Una es que estos padres suelen tener mejor relación con sus hijos, y a través de esa relación, los hijos internalizan como suyos los valores de sus padres. Y la segunda es que los padres democráticos suelen monitorizar a sus hijos, es decir, cuando los niños no están en casa ellos saben dónde están, con quién y qué están haciendo. Y lo saben no porque controlen a sus hijos, por ejemplo, *trackeando* su móvil, sino porque sus hijos se lo cuentan. Y en general, a los hijos cuyos padres saben qué están haciendo con su vida, sin llegar a ejercer control sobre ellos, les suele ir mejor.

12

¿Y qué hay de nosotros?

Seguro que has leído alguno de los miles de libros que existen sobre crianza. A mí hay una cosa en la inmensa mayoría de estos libros que me llama muchísimo la atención: los padres (y sobre todo las madres, que son las que más se suelen ocupar de los niños) no importan. Bueno, no es que no importen, es que solo importan en tanto en cuanto lo que la madre haga afecte al niño. Es decir, no tomes cafeína durante el embarazo, que es malo para el bebé; no pierdas los nervios, porque es negativo para el desarrollo de tu hijo; lleva una vida saludable, pues tus hijos aprenden por imitación... Y por supuestísimo que me parece muy bien que pongamos a los niños por encima de todo, pero ¿y qué hay de las madres?, ¿quién cuida de ellas? Porque durante el embarazo todo el mundo se preocupa por la mujer, pero, en cuanto nace el niño, desaparecemos de escena.

Lo cierto es que sabemos muy poco sobre los cambios por los que pasan las mujeres cuando se convierten en madres. Convertirse en madre supone un cambio total en la vida de una mujer. No solo es que tu cuerpo, tus prioridades, tus relaciones o tu rutina cambien, sino que también cambia tu identidad. Ya no vuelves a ser la misma. Y además tu vida ya no es solo tuya. Desde ese momento, la supervivencia de un ser humano depende enteramente de ti. Estamos empezando a comprender cómo cambia el cerebro de una mujer cuando se convierte en madre, y la realidad es que el cerebro pasa por unos cambios brutales, solo comparables a los que ocurren durante la adolescencia. Esto hace que la transición a la maternidad sea un momento muy vulnerable para la mujer. Esta vulnerabilidad se refleja en que, en el mundo occidental, una de cada cinco mujeres desarrolla un problema de salud mental durante el embarazo o el primer año de vida de su bebé. La gran mayoría de ellas sufren depresión posparto o ansiedad. Otras padecen condiciones más graves, como psicosis perinatal o estrés postraumático. Y muchas mujeres pasan por esta situación, sin atreverse a hablar del tema, sintiendo que están fallando nada más empezar porque, claro, ¿cómo decir que estás triste en el momento que se supone tiene que ser el más feliz de tu vida? ¿Cómo decir que echas de menos tu vida anterior, o que solo tienes ganas de llorar cuando ves a tu bebé? Que tantas mujeres lo pasen mal indica que este no es un problema individual, sino que es un problema a nivel social que necesita ser atendido.

Y no es únicamente al comienzo cuando las mujeres encuentran la maternidad difícil; muchas mujeres lo pasan mal, tengan sus hijos la edad que tengan. Hay diferentes razones que explican por qué tantas mujeres encuentran la maternidad difícil. Factores como la soledad, la inestabilidad económica, la precariedad laboral, las dificultades para conciliar o el encarecimiento de la vida hacen que tener un hijo hoy en día no sea fácil. Y como consecuencia, la salud mental de las madres se resiente. Y cuando las madres padecen problemas de salud mental, sus hijos son más proclives a padecerlos.

En este capítulo me quiero centrar en un factor que, según mi experiencia, también explica por qué es tan difícil la maternidad: nuestra habilidad para poner límites, no a nuestros hijos, sino a nosotras mismas y en nuestras relaciones con los demás.

Solo un apunte antes de continuar: me he querido centrar sobre todo en las madres, porque la evidencia dice que son las que llevan la carga de la educación de sus hijos. Centrarme en ellas no significa ni mucho menos que quiera menospreciar el papel de los padres. Los padres tienen también un papel fundamental en la vida de sus hijos y se enfrentan a sus propios retos.

Con la maternidad la carga mental aumenta... ¡mucho!

Los límites son necesarios en todas las etapas de nuestra vida, pero son especialmente importantes cuando nos convertimos en madres porque nuestra carga mental aumenta de forma radical. Con «carga mental» nos referimos a todo el trabajo invisible que hacemos para que nuestra familia funcione: hacer la compra semanal, acordarnos de vacunar a nuestra hija, apuntar al niño a clases extraescolares, llevar el coche al taller, organizar el regalo de fin de curso para el profesor, acompañar al médico a nuestra madre... Y un sinfín de cosas más. Cada una de estas tareas requieren de una planificación, una organización y una ejecución. Requieren de tiempo y esfuerzo mental. ¿Y a que adivinas quién suele llevar la mayor parte de la carga mental en las familias? Las madres. Y la llevan las madres incluso en las parejas en las que los dos trabajan, incluso en las parejas en las que la mujer gana más que el hombre.

En general, las mujeres que sienten que la carga mental no está bien repartida en su relación son más infelices y sus relaciones suelen ir peor. Así que, de la misma manera que en el capítulo 8 dijimos que, antes de tener hijos, es bueno debatir con nuestra pareja qué valores queremos transmitirles, también debemos decidir cómo dividir las tareas de una forma que a los dos nos parezca justa. Y si puedes hacerlo antes de tener hijos, mejor que mejor.

Distinguimos entre dos tipos de límites: los que nos ponemos a nosotros mismos («A partir de las ocho de la tarde, no contesto emails») y los que ponemos en relación con los demás («Mamá, por favor, no vengas a casa a partir de las siete porque es el rato que tengo para estar con los niños»). Nuestros límites están basados en nuestras creencias. Una vez, una madre me dijo que estaba agotada porque su marido viajaba mucho, y cuando él no estaba, sus hijos se turnaban para dormir con ella, y entre patada y patada, ella no pegaba ojo. Yo le pregunté por qué si no dormía seguía dejando que sus hijos durmieran con ella. Ella contestó: «Porque es lo que hace una buena madre». Pero la realidad es que esa era una creencia suya: ¿dónde está escrito que una buena madre es la que duerme con sus hijos? En ningún sitio. Es importante que analicemos nuestras propias creencias sobre lo que es ser una «buena madre», no vaya a ser que alguno de nuestros hábitos o comportamientos nos esté perjudicando.

Poner límites no te convierte en una mala madre

Una creencia que está muy extendida es que la buena madre es la que vive permanentemente dedicada a sus hijos, pone las necesidades de todos por encima de las suyas, nunca pierde los nervios y es todo dulzura. Alcanzar este ideal es imposible, porque la madre perfecta no existe. Pero es que, además, el problema es que cuando intentamos alcanzarlo, tenemos que tirar por la ventana todo tipo de límites. Acabamos por no tener ninguna parcela nuestra. Hace muchos años, cuando mis hijos eran muy pequeños, una amiga me preguntó cómo estaba y mi respuesta fue algo tipo: «Mis hijos están bien, mi marido está muy bien, todo bien». Y ella, muy acertadamente, me respondió que me había preguntado por mí y no por los demás. Y esa respuesta me hizo reflexionar porque reflejaba que yo, en ese momento, me había difuminado. Y cuando nos difuminamos, cuando no ponemos límites, corremos el riesgo de perder nuestra identidad. Y esto no es bueno. Poner límites es una forma de respeto hacia uno mismo.

Las madres tenemos que ocuparnos de nosotras. Primero, porque importamos. Y segundo, porque necesitamos estar bien para poder cuidar y educar a nuestros hijos. Y cuando digo que nos tenemos que cuidar, no me refiero a hacernos la manicura o ir a la peluquería; me refiero a valorarnos, a no perdernos a nosotras mismas en el maremágnum de los pañales, los colegios, el trabajo y la logística. Y esto no lo podemos conseguir sin poner límites. Sin decir que no.

Todo esto está muy bien, pero ¿cómo pongo límites?

A menudo, tenemos claro que queremos o necesitamos poner límites, pero no nos atrevemos o no sabemos cómo. Y es que a muchos (yo incluida) nos cuesta decir que no. Y nos cuesta porque no queremos decepcionar a alguien cercano, porque no queremos tener conversaciones incómodas, porque queremos caerle bien a todo el mundo o porque no queremos quedar mal con nadie. Como ocurre con todo lo nuevo, al principio poner límites nos resultará difícil, pero cuanto más lo practiquemos, más fácil nos parecerá. Sobre todo, si vemos que nuestra vida mejora tras establecerlos.

Una manera de empezar a poner límites es pensar en cuatro límites que te gustaría establecer. Te propongo que dos sean límites personales: «Voy a limitar el tiempo que paso en Instagram a media hora al día», «Me voy a levantar media hora antes para poder ir andando al trabajo y llegar con más energía», o «No voy a beber alcohol entre semana para no estar atontada por las mañanas»; y que dos sean límites con otras personas: «A partir de las siete de la tarde, no tengo reuniones», «No puedo ir a comer a tu casa los domingos porque es el único día que puedo estar en casa y descansar», o «Por favor, no vengas a casa sin avisarme antes».

Una vez que tienes claro qué limites quieres establecer, el siguiente paso es comunicárselos a la persona que corresponda. Acuérdate de la frase: «No importa lo que dices, sino cómo lo dices». Pues eso. La idea es decirlo de una manera clara, para que no haya lugar a malentendidos, pero a la vez siendo amable para no hacerle daño y que la conversación no acabe en conflicto. Dilo de la forma en la que te a ti te gustaría que te hablasen. Es también importante elegir el momento adecuado. Elige decírselo cuando estéis de buen humor, tranquilos y tengáis tiempo para hablar. Los límites no deben ser armas arrojadizas, sino elementos constructivos para que tú estés bien y vuestra relación no se resienta. Antes de tener la conversación, piensa qué quieres conseguir. ¿Quieres simplemente que la otra persona te haga caso? ¿O estás dispuesto a llegar a un término medio? («Puedo ir a comer a tu casa un domingo de cada dos»).

Cuando establecemos nuevos límites con otras personas, debemos tener en cuenta que solo podemos controlar nuestros propios pensamientos, emociones y comportamientos. Los de la otra persona están fuera de nuestro control.

¿Y SI DEJAMOS DE JUZGAR A LAS MADRES?

Otra de las razones por las que encontramos tan difícil poner límites y ocuparnos de nosotras mismas es que las madres nos sentimos permanentemente juzgadas. ¿Quién no ha oído perlas del estilo de: «No me extraña que sus niños hayan salido así, siempre les ha dejado hacer lo que les ha dado la gana», «Esta tiene un puestazo, seguro que a sus hijos ni los ve», o «Hay que ver, que no ha querido darle el pecho al niño, menuda egoísta»?

Y es que parece que en esto de la maternidad es imposible acertar. Siempre hay alguien al que le parece mal cómo lo haces: si trabajas, porque trabajas; si no trabajas, porque no trabajas; si haces deporte, porque no estás ese tiempo con los niños; si engordas, porque podrías hacer algo de deporte; si sales con amigas, porque eres una egoísta... ¿En qué quedamos, señores y señoras? ¿Y si dejamos de juzgar a las madres? Porque, volvemos a lo mismo, sentirse juzgadas no es bueno para la salud mental de las madres y, por tanto, no es bueno para sus hijos. Por eso, es preocupante que un 86 por ciento de las madres y padres españoles se sientan juzgados siempre o muy a menudo.

Cuando emitimos estos juicios, lo hacemos basándonos en nuestras propias creencias sobre lo que es una buena madre. Pero ¿qué es una buena madre? ¿Quién decide qué es una buena madre? Todos tenemos creencias diferentes sobre cómo educar a nuestros hijos. Todos lo hacemos lo mejor que podemos y sabemos.

Muchas veces, nosotros somos nuestros peores críticos. Y nuestra voz crítica interior, más o menos exigente, nos dice cosas como: «Mi amiga Elisa tiene una carrera brillante y una familia estupenda, y yo ¿qué he conseguido?», «No valgo para nada, todo lo hago mal», o «Estoy gordísima, ¿por qué no tengo más fuerza de voluntad?». Es importante que, cuando nos hable nuestra voz interior, nos acostumbremos a expulsarla. No dejemos que tome control de nuestros pensamientos. Los juicios, sean propios o ajenos, hay que sacarlos de nuestra vida. Este debería ser un límite fundamental para todos los padres y madres.

Pero ¿cómo voy a ocuparme de mí si el éxito o fracaso de mi hijo está en mis manos?

Déjame decirte que esto no es cierto. Tienes mucha menos influencia en el desarrollo de tu niño de lo que probablemente crees. En realidad, la idea de que los padres determinamos el desarrollo de los niños es relativamente nueva. Fue Sigmund Freud, a principios del siglo xx, el primero en decir que la madre (y lo que hace o no hace) determina el desarrollo del niño. Desde entonces, el campo de la psicología ha tomado esta idea como cierta. Pero lo cierto es que Freud lanzó esta idea (y todas las demás que tuvo) sin ninguna evidencia. Cero. Pero, por alguna razón, sus ideas calaron muy hondo tanto en el ámbito de la psicología como en el imaginario colectivo.

Desde entonces, diferentes corrientes psicológicas han ido dictando cómo criar a los niños, pero siempre asumiendo que las madres son fundamentales (a los padres se les ha ignorado hasta hace muy poco). En los años veinte, John B. Watson (padre de la psicología conductual) mantenía que había que tratar a los niños como a adultos y no había que darles besos ni abrazos. En los años cuarenta, el doctor Benjamin Spock cambia radicalmente la crianza en Estados Unidos, animando a los padres a que entiendan y atiendan las necesidades de sus hijos en cada momento de su desarrollo. En la actualidad, en el mundo occidental, criamos a nuestros hijos siguiendo el paradigma del apego creado por John Bowlby a finales de los años sesenta. Este paradigma asume que el tipo de apego que establece un niño con sus cuidadores es el factor más importante en su desarrollo. Además, durante los años setenta, apareció la idea de *parenting*, que implica que hay una manera correcta y otra incorrecta de educar a nuestros hijos, y que la responsabilidad de cómo son los niños depende enteramente de los padres.

La gran mayoría de los padres asume este paradigma casi como un dogma de fe, pero la realidad es que en el mundo de la psicología hay mucho debate al respecto. Los estudios de los que disponemos no han podido concluir que los padres influyamos de manera determinante en nuestros hijos. Hay incluso psicólogos, como Judith Rich Harris, que mantienen que los padres no influyen en sus hijos. Para apoyar esta idea, se basan fundamentalmente en estudios de adopción y de gemelos. De este modo, que dos niños nacidos del mismo padre y la misma madre y criados en la misma casa no se parezcan más entre sí que dos extraños sugiere que los padres no importan tanto. Si los padres realmente fueran el factor más importante, todos los hermanos del mundo deberían ser parecidísimos, pero lo cierto es que no lo son. De hecho, normalmente los hijos adoptados se parecen más a sus padres biológicos, con los que no han convivido nunca, que a sus padres adoptivos. ¿Esto qué quiere decir? Que nuestra genética importa, y mucho. Y más aún importa cómo la genética interactúa con el ambiente en el que vivimos. Y, además, hay otros factores como, por ejemplo, los amigos, que según algunos expertos tienen tanta importancia o incluso más que los padres en el desarrollo de los niños.

Esto no quiere decir que los padres no importamos. Los padres importamos muchísimo, pero no de la manera en la que nos han hecho creer. Nosotros transmitimos a nuestros hijos nuestros genes, les proporcionamos el entorno en el que se desarrollan, les enseñamos valores, les damos un ejemplo, pero no tenemos la capacidad de «diseñar» a nuestros hijos. No es cierto que los padres podemos fomentar hasta el infinito la inteligencia de nuestros hijos, sus carreras académicas o sus aptitudes. Los niños no son un lienzo en blanco que los padres diseñamos como queremos. Como dice el psiquiatra Russell Barkley, los padres de hoy creemos que todo gira a nuestro alrededor, que nosotros somos lo más importante en la vida de nuestros hijos. Pero no es así.

¿Qué te quiero decir con esto? Para nada estoy sugiriendo que pases de tus hijos porque da igual lo que hagas. No. Lo que estoy diciendo es que, si vives la paternidad con grandes dosis de ansiedad, puedes relajarte, porque probablemente muchas de las cosas por las que te agobias, tengan poca o nula influencia en el desarrollo de tu hijo.

No siempre acertarás, y eso está bien

Esto de creernos que todo aquello que hacemos cada día puede destrozar la vida de nuestros hijos, aparte de no ser verdad, nos lleva a que nuestra experiencia como padres este llena de ansiedad, angustia y sobre todo culpa. Los padres de hoy (y especialmente las madres, que en esto de la culpa nos llevamos la palma) vivimos con una culpabilidad enorme. Una encuesta reciente concluyó que el 40 por ciento de los padres y madres españoles se siente culpable. En mis sesiones con madres veo culpa por todo: culpa cuando estoy con mi hijo y no en el trabajo; culpa cuando estoy en el trabajo y no con mi hijo; culpa cuando cuido de mis padres y no estoy ni el trabajo ni con mi hijo... Y así hasta el infinito.

Las madres solemos sentir más culpa que los padres por dos razones. La primera es que, como ya hemos comentado, nosotras llevamos la mayor parte de la carga mental. Y la segunda es que nos han vendido la idea de la madre perfecta. Creemos que para que nuestros hijos «salgan bien», tenemos que ser perfectas, y eso es falso. Falso. Para empezar, la madre perfecta no existe.

Y, para terminar, en el caso de que haya alguna perfecta (si la encontráis, por favor, me la presentáis), la verdad es que no le haría ningún bien a su hijo. ¿Te imaginas crecer con la perfección siempre presente? Sería agotador. Y, además, le estaríamos transmitiendo a nuestro hijo una idea equivocada del mundo. La gente no es perfecta, y las relaciones sociales no son ni mucho menos perfectas.

Así que, ¿y si decidimos, de una vez por todas, creer a

los expertos que dicen que los padres no somos tan importantes como pensamos y abandonamos la culpa? Fiémonos de los expertos y dejemos la culpa a un lado. Dejemos de angustiarnos por decisiones pequeñas que realmente tienen poquísimo impacto en la vida de nuestros hijos. Me refiero a decisiones como: «¿Le doy el pecho hasta los seis o hasta los siete meses?», «¿Practico el colecho o no?», «¿Le doy el teléfono a los doce o a los trece años?», y tantas otras sobre las que pasamos horas y horas preocupados. A veces, nos centramos tanto en estas decisiones y en que nuestros hijos estudien, que hablen idiomas, que practiquen deporte y que hagan todo lo que se supone que tienen que hacer que perdemos la perspectiva. En su lugar, centrémonos en lo que de verdad importa: establecer una relación sólida con nuestros hijos. Centrémonos en dar a nuestros hijos amor y límites. Y dejemos de criar con culpa.

En resumen

1. ¿QUÉ SON LOS LÍMITES?

- Nadie tiene la receta perfecta para que tu hijo «salga bien», pero hay dos cosas sin las que sabemos que es complicado conseguirlo: amor y límites.
- Los límites son fundamentales en la educación. Tu hijo necesita límites claros y consistentes.
- El amor es también fundamental. Los niños necesitan sentirse queridos. Lo que importa no es que tú lo quieras mucho, sino que él sienta ese amor. Que se sienta querido.
- Los límites vienen de nuestros valores. Por eso, no

siempre pondrás a tus hijos los mismos límites que tus familiares o amigos ponen a los suyos.

- Tus límites y tus valores deben ir de la mano.

2. ¿Por qué importan los límites?

- Los límites proporcionan al niño estabilidad, seguridad y estructura.
- Además, ayudan a los niños a funcionar en el mundo, a autorregularse y a desarrollar relaciones sociales de calidad.
- Los padres tenemos la obligación de poner límites a nuestros hijos. Si claudicamos de esa responsabilidad, les hacemos un flaco favor.
- La evidencia científica apunta que los niños que crecen sin límites pueden experimentar problemas en diferentes aspectos de su vida.

3. ¿Les faltan realmente límites a los niños de hoy? La crianza en los años veinte del siglo XXI

- No solo no educamos a los niños en un vacío, sino que el contexto en el que vivimos influye muchísimo en cómo los educamos. Aspectos como nuestra cultura, religión, clase social o el barrio en el que vivimos juegan un papel importante.

- No tiene sentido comparar a los niños de hoy con los de hace décadas porque las circunstancias en las que están creciendo no tienen nada que ver.
- Los niños que están creciendo en los años veinte del siglo XXI viven en familias pequeñas, con un solo progenitor y lejos del resto de su familia. Juegan menos y viven más protegidos, rodeados de tecnología y con más presión para ser exitosos. Y además van a vivir muchos muchos años.
- Para los padres, las circunstancias también han cambiado. La crianza actualmente se caracteriza por ser más intensiva y solitaria que nunca. Muchos padres se sienten juzgados y soportan una gran presión para ser los padres perfectos. En este intento de hacerlo bien, buscan tener una relación más cercana con sus hijos, pero parece que estamos confundiendo acercarnos a nuestros hijos con no ponerles límites.

4. Límites durante la crianza

- Los límites se ponen desde el principio, desde que el niño es un bebé.
- Al principio, nos centramos en los límites que preservan la integridad física de nuestros niños. A medida que el niño crece, nos centramos en establecer límites alrededor de su salud física y mental y de sus relaciones sociales.
- A lo largo del crecimiento del niño, debemos ir cambiando las estrategias para ponerle límites. Está claro que lo que funciona con un niño pequeño no funciona para el adolescente.
- Con el bebé: adelántate, distráele, no reacciones de manera exagerada y sé realista con lo que puedes esperar de él.
- Con el niño en edad escolar: demuestra seguridad, refuerza el buen comportamiento y no impongas castigos que no puedas cumplir.
- Con el adolescente: explícale siempre las cosas, no escales la situación, elige el momento, ve soltando carrete y comprende, pero no justifiques.

- Y hay cuatro estrategias para todas las edades: sé consistente, utiliza disciplina inductiva, no emplees nunca violencia verbal o física y repara la relación cuanto te equivoques.
- Y recuerda: todos nos equivocamos. Es imposible hacerlo siempre bien.

5. Me cuesta establecer límites porque...

- Todos tenemos motivos por los que a veces no ponemos límites a nuestros hijos.
- Estos motivos son muy variados y dependen de nuestra situación personal, de nuestros valores y del contexto en el que nos encontramos. Algunos motivos para no poner límites pueden ser desde no querer discutir con tu hijo el rato que le ves, o sentirte culpable porque te has divorciado hace poco y tu hijo lo está pasando mal, hasta que te dé miedo que tu hijo se frustre.
- Es importante hacer un ejercicio de reflexión para descubrir posibles pautas de pensamiento que nos lleven a no poner límites o a no ponerlos de manera consistente.

6. Mucho límite o poco límite: ¿dónde está el punto medio?

- Estamos de acuerdo en que los límites son fundamentales en la educación de nuestros hijos, pero no siempre es fácil saber cuándo nos pasamos o, por el contrario, nos quedamos cortos.
- Y es difícil porque cada niño es un mundo. No todos los niños responden de igual manera a los límites. Para entender a tu hijo, te puede resultar útil pensar en términos de «niño orquídea», «niño tulipán» o «niño margarita». A los niños orquídea les suele afectar mucho el castigo y que los regañen. Son más reactivos y sensibles a todo lo que les pasa. Por ello, les suele ir especialmente bien tener una rutina estable y unos límites claros. Es importante que, al considerarlos más sensibles, no cometamos el error de sobreprotegerlos. Por el contrario, el niño margarita es más pasota y más resiliente. También necesita de sus padres, aunque a veces no lo parezca. Tanto los niños orquídea como los margarita necesitan límites, solo que de manera diferente. Los

niños tulipán son los que están más o menos en el medio.

- A la hora de poner límites, debes recordar que el temperamento de tu hijo influye en cómo le educas y en la relación que estableces con él. Los padres influimos en los hijos, pero los hijos también influyen en los padres. La relación padre-hijo es una carretera de doble sentido. Es mucho más fácil llevarnos bien y educar a un niño que está siempre sonriente, se enfada poco y no se mete en líos que con uno que está todo el día de mal humor y peleándose con sus hermanos.
- Tus propias circunstancias afectan mucho a la relación con tu hijo. El estrés es particularmente negativo para la crianza de los niños. A más estrés, es más probable que seamos más estrictos y que recurramos a la violencia verbal o al cachete. Ser consciente de cómo estás anímicamente y responder a tus necesidades te ayudará en la relación con tu hijo.

7. Y CUANDO TRASPASAN LOS LÍMITES, ¿QUÉ HACEMOS?

- Disciplina no es lo mismo que castigo. El objetivo de la disciplina es que nuestro hijo entienda por qué lo que ha hecho está mal.
- Hay gritos y gritos: la violencia verbal («¡Si es que eres un inútil!») es siempre negativa para el desarrollo de un niño. Hay que evitarla cueste lo que cueste. Sin embargo, no hay evidencia de que el grito ocasional, presente en la mayoría de las casas («¡Lávate los dientes YA!»), sea malo para los niños. Ojo, que no sea malo no quiere decir que sea lo mejor. Es preferible no gritar, claro, pero no es fácil.
- No hay cachetes y cachetes: el castigo físico es siempre malo para el niño. Hay que evitarlo a toda costa. En el castigo físico incluimos el cachete, el pellizco, el capón, el bofetón y otros tipos de castigos más graves. El efecto negativo del castigo físico se acumula, es decir, cuanto más lo uses, peor para tu hijo.
- Dos técnicas de disciplina efectivas son las consecuencias lógicas y las consecuencias naturales. Las consecuencias lógicas consisten en que cuando tu

hijo hace algo que no debe o no hace algo que debería haber hecho, el castigo está conectado al comportamiento que queremos cambiar. Por ejemplo, tu hijo no apaga el iPad cuando debe hacerlo. La consecuencia lógica es que la próxima vez que le toque jugar, jugará menos tiempo.

Las consecuencias naturales son las que están directamente relacionadas con la conducta del niño de manera natural. Es decir, si tu hijo se enfada y tira la comida al suelo, tiene que recogerla y limpiarlo todo.

- Para evitar caer en el grito y el cachete, es importante trabajar nuestra habilidad de autorregulación porque la mayoría de las veces que acabamos dando un cachete o pegando un grito es porque no somos capaces de regularnos.

8. ¿Y Cuando nada funciona?

- Hay veces que, por mucho que nos sepamos la teoría, no nos funciona y tenemos problemas en la relación con nuestro hijo.

- Nunca es demasiado tarde para empezar a poner límites o para cambiar las normas en tu familia. Te costará, pero es posible.
- Si hemos entrado en una espiral negativa con nuestro hijo, podemos pararla invirtiendo en nuestra relación.
- Los niños a veces se ríen cuando les regañan para intentar regularse. No lo hacen con mala intención. Proporciónale otras alternativas para regularse.
- Tu hijo te contesta mal porque está probando hasta dónde puede llegar. Dale la oportunidad de reformular lo dicho.
- Mentir es parte normal del desarrollo. Investiga el porqué de la mentira.
- El niño se porta mejor fuera de casa porque su hogar es su lugar seguro.
- Si tu hijo tiene una visión muy negativa de sí mismo, puede ser conveniente consultar con un especialista.
- Es mejor no intervenir en las peleas entre hermanos, a no ser que haya riesgo para la integridad física o abuso verbal. Si existe *bullying* entre hermanos, hay que intervenir siempre.

9. ¿Y QUÉ HACEMOS CON LOS DEMÁS?

- La crianza no está pensada para hacerla en solitario. Pero eso no quiere decir que sea siempre fácil hacerlo con otras personas.
- Educar en pareja: no siempre es fácil, pues puede que tengáis diferentes valores, costumbres o estilos de crianza. Cuando tengáis desacuerdos, es bueno siempre recordar que los dos queréis lo mejor para vuestro hijo, lo que pasa es que no tenéis por qué estar de acuerdo en qué es lo mejor o en cómo conseguirlo.
- Educar con un ex: intentad tener las mismas reglas y límites en las dos casas. La consistencia y la rutina son buenas para los niños porque les transmiten seguridad y estabilidad. Y recuerda que el divorcio en sí no es malo para los hijos, lo que es malo es el conflicto entre sus padres.
- Educar con los abuelos: los abuelos pueden ser consentidores cuando no están en el día a día de sus nietos. Los que sí lo están no tienen más remedio que educar más y maleducar menos. Los abuelos deben tener la libertad de establecer la relación que ellos quieran con

sus nietos, pero siempre de acuerdo con los valores y dentro de los límites que establecen los padres.

- Educar con los profesores: padres y colegio deben de ir a una. El colegio debe saber qué pasa en casa y en casa deben saber qué pasa en el colegio. Hay que trabajar en equipo por el bien del niño.
- Las pantallas hay que gestionarlas en función de cómo es tu hijo, qué hace con la pantalla y qué deja de hacer por estar con ella. La idea es encontrar un equilibrio entre la vida social, el deporte, el juego, el tiempo con la familia y la pantalla.

10. ¿QUÉ HAY DE LOS NIÑOS NEURODIVERGENTES?

- Los niños neurodivergentes son aquellos a los que el cerebro les funciona de manera diferente al del niño neurotípico.
- Ningún tipo de neurodivergencia (TEA, TDAH, dislexia, dispraxia...) es «culpa» de los padres.
- Las vacunas no causan autismo.
- Tomar paracetamol en el embarazo no causa autismo.

- Las pantallas no provocan TDAH.
- Los padres de niños neurodivergentes se enfrentan a los retos a los que nos enfrentamos todos los padres, y a la vez tienen los suyos propios: diagnósticos, medicación, especialistas, estigma social, soledad... No es casualidad que suelan tener más problemas de salud mental y que dejen el trabajo más a menudo que los padres de niños neurotípicos. Requieren apoyo de las instituciones, comprensión de todos nosotros y las herramientas adecuadas para apoyar las necesidades específicas de sus hijos.
- Los niños neurodivergentes necesitan límites incluso más que los niños neurotípicos porque suelen presentar más problemas con las funciones ejecutivas. Al mismo tiempo, necesitan mucho amor y comprensión porque el mundo les puede resultar muy hostil.

11. Tu hijo tiene que aprender a establecer sus propios límites

- Nuestros hijos deben aprender a establecer sus propios límites. Si no son capaces de hacerlo, su calidad de vida se resentirá a corto y largo plazo.

- Hay cinco habilidades que tu hijo necesita para poder establecer límites: autoconocimiento, respeto a sí mismo, asertividad, empatía y capacidad de comunicación.
- Es fundamental que nuestros hijos aprendan a establecer dos tipos de límites: sobre su cuerpo y en sus relaciones sociales.

12. ¿Y QUÉ HAY DE NOSOTROS?

- La maternidad es un momento vulnerable para la mujer. Una de cada cinco mujeres desarrolla problemas de salud mental en esta etapa.
- La carga mental es todo aquello que tenemos que hacer para que nuestra casa y nuestra familia funcione. Esta carga aumenta en gran medida y muy rápidamente cuando nos convertimos en padres.
- Para sobrellevar el enorme cambio que supone la maternidad, es esencial que aprendamos a poner límites, no solo a nuestros hijos, sino a nosotros mismos y a los que están a nuestro alrededor.

- Hay dos tipos de límites: los personales («A partir de las diez de la noche, me desconecto de las redes sociales») y los que ponemos en relación con los demás («Por favor, avísame antes de venir a casa a ver al niño, necesito saberlo para poder organizarme»).
- Establecer límites no te convierte en una mal padre y no es egoísta. Al contrario, es una forma de respetarte a ti mismo.
- Los padres nos sentimos juzgados y culpables. Vivir con estos sentimientos no es bueno, ni para nosotros ni para nuestros hijos.
- Los padres no influimos tanto en el desarrollo de nuestros hijos como nos han hecho creer. Esto no quiere decir que dé igual lo que hagamos con nuestros hijos. Quiere decir que podemos relajarnos y centrarnos en lo importante: tener una relación sólida y estable con nuestros hijos, basada en el amor y los límites. Eso es lo que verdaderamente importa.

Ejercicios

1. ¿Qué son los límites?

Vamos a empezar reflexionando sobre tus límites. Escribe diez límites que le hayas establecido a tu hijo. Piensa en límites de todo tipo.

Una vez que los tengas, puntúa de 1-10 cómo de importante es para ti que tu hijo internalice cada uno de ellos. Guarda la lista, porque la necesitarás más adelante.

2. ¿Por qué importan los límites?

Reflexionemos ahora sobre tus valores. A continuación, tienes una lista de valores. Sin pensarlo demasiado, señala aquellos con los que te identificas. Seguramente habrás señalado muchos. Repite el proceso hasta que tengas un máximo de diez.

Altruismo	Diversión	Paz
Ambición	Equilibrio	Perfeccionismo
Amistad	Esfuerzo	Perseverancia
Amor	Espiritualidad	Pertenencia
Aprendizaje	Estabilidad	Placer
Austeridad	Éxito	Poder
Autenticidad	Fama	Popularidad
Autocontrol	Familia	Reconocimiento
Autonomía	Felicidad	Reputación
Autoridad	Generosidad	Respeto
Aventura	Gratitud	Responsabilidad
Belleza	Honestidad	Riqueza
Bondad	Humildad	Sabiduría
Capacidad	Independencia	Sacrificio
Compasión	Integridad	Seguridad
Comunidad	Justicia	Sentido común
Conocimiento	Lealtad	Sentido del humor
Creatividad	Libertad	Sinceridad
Crecimiento personal	Logro	Superación
Curiosidad	Naturaleza	Tolerancia
Decencia	Obediencia	Valentía
Determinación	Optimismo	

Una vez hayas identificado tus valores, define lo que significa para ti cada uno de ellos. Si ves que defines dos de manera muy parecida, elimina uno de ellos para quedarte con los valores que realmente consideras fundamentales.

Por último, puntúa de 1-10 lo importante que es cada uno para ti.

3. ¿Les faltan realmente límites a los niños de hoy? La crianza en los años veinte del siglo XXI

Toma la lista de los diez límites que has establecido a tus hijos y la lista de tus diez valores. Compáralas.

1. ¿Se refleja cada valor en un límite?
2. ¿Hay algún límite que no se vea reflejado en ningún valor?
3. ¿Coinciden los límites y los valores en orden de importancia?

Esta reflexión es útil porque cuando tus valores y tus límites no van de la mano, puedes experimentar lo que en psicología llamamos «disonancia cognitiva». Esto ocurre cuando nuestros valores o creencias no concuerdan con nuestra conducta. Por ejemplo, uno de mis valores puede ser «respeto» y, por ello, un límite que le pongo a mi hijo es «no pegar». Además, sé que no es bueno que los padres peguen a sus hijos. Y, sin embargo, cuando me enfado con mi hijo, le doy capones. Esta disonancia entre lo que pienso y lo que hago me hace sentir mal, pues no estoy siendo coherente y sé que no estoy actuando en beneficio de mi hijo.

¿Qué hago entonces? Lo más lógico sería dejar de dar capones a mi hijo, pero es probable que lo haya intentado y no lo consiga. Y es que es difícil cambiar nuestra conducta. Normalmente, si no conseguimos cambiar nuestra conducta, lo que hacemos es cambiar nuestra manera de pensar para así solucionar nuestra disonancia: «Bueno, si en realidad un capón no es pegar», «A mí mi padre me daba capones y cosas peores, y aquí estoy», o «Si en realidad no es tan malo; esto es cosa de los psicólogos, que lo exageran todo». Así que podemos acabar defendiendo unos valores con los que, en realidad, no estamos de acuerdo.

Ser conscientes de cuándo actuamos de forma contraria a nuestros valores nos hace ser más coherentes con nosotros mismos y con nuestros hijos.

4. Límites durante la crianza

Piensa en la relación que tienes con tu hijo. ¿De qué manera le transmites tus valores y estableces límites?

1. ¿Hablas con tu hijo de manera explícita sobre tus valores y por qué estableces unos límites? Por ejemplo, si valoras la diversión, ¿compartís momentos divertidos?, ¿le has explicado por qué la diversión es importante para ti?
2. ¿Qué actividades hacéis en familia que están en línea con tus valores? Por ejemplo, uno de tus valores puede ser «naturaleza», así que muchos domingos vais a la sierra a dar un paseo.
3. ¿Qué actividades hacéis que no estén en línea con tus valores? ¿Por qué las haces? ¿Cómo te sientes cuando las haces? Por ejemplo, valoras la austeridad, sin embargo, todos los sábados te vas de compras con tu hijo.
4. ¿Eres un modelo para tu hijo? Es decir, ¿actúas según tus valores? Puede ser, por ejemplo, que valores tener equilibrio en tu vida. Por ello, es importante

para ti que tu hijo tenga una relación sana con las pantallas, pero luego estás constantemente pegado al teléfono.

5. ¿Comparten tus valores la gente que está en vuestras vidas? En otras palabras, tu pareja, tus padres, hermanos, amigos... ¿tienen tus mismos valores? ¿Se los transmiten a tu hijo?

Ahora vuelve a tu lista de valores y, para cada uno de ellos, escribe un ejemplo de...

1. Cómo le transmites a tu hijo cada valor de manera explícita.
2. Una actividad que hacéis en familia que refleje cada valor.
3. Si la hay, una actividad que vaya en contra de cada uno de tus valores.
4. Cómo transmites cada valor con tu ejemplo.
5. Cómo la gente en vuestra vida transmite a tu hijo cada valor.

5. Me cuesta establecer límites porque...

Vuelve a tomar la lista de límites y, de 1 a 10, puntúa cuáles te cuestan más mantener y cuáles te resultan más fáciles en vuestro día a día. Otorga un 1 al límite que te sea más fácil mantener y un 10 al que más te cueste.

¿Por qué crees que te cuesta mantener esos límites? Para comprender el motivo, te puede resultar útil reflexionar sobre las situaciones de las que hemos hablado en este capítulo. ¿Te sientes reflejado en alguna o en varias de las siguientes situaciones?

- «Total, para el rato que los veo...».
- «Me siento culpable».
- «Soy amigo de mis hijos».
- «No quiero que se frustre».
- «No deseo eliminar su personalidad».
- «No le digas "no", que es peor».
- «Pero, mamá, si a todos mis amigos les dejan...».
- «Me da miedo que no me quieran, quiero ser un padre *cool*».
- «No pongo límites para compensar mis equivocaciones».
- «Mi hijo es taaan especial».

Si crees que alguna de estas situaciones te dificulta poner límites a tu hijo, plantéate si están influyendo en tu proceso de decisión cuando tienes que tomar decisiones relativas a tu hijo.

6. Mucho límite o poco límite: ¿dónde está el punto medio?

No hay una receta mágica para educar, porque cada niño es un mundo. Por eso, pensar en nuestros hijos en términos de orquídea, tulipán o margarita nos puede resultar útil para conocerlos mejor y ajustarnos mejor a sus necesidades.

Te propongo completar un cuestionario para saber si tu hijo se inclina más a ser orquídea o margarita. He adaptado el que presenta Aliza Pressman en *Los cinco principios de la crianza* (libro que te recomiendo si no lo has leído). Déjame decirte dos cosas antes de rellenarlo. Una, recuerda que las categorías de margarita, tulipán y orquídea no son ni muchos menos un diagnóstico, son solo una manera de reflexionar sobre el temperamento de nuestro hijo que nos puede ayudar en nuestra relación con él; y dos, este cuestionario no está validado. Es sencillamente una herramienta de reflexión.

Indica qué afirmaciones corresponden a tu hijo:

1. Le gusta la rutina.
2. Le encantan las fiestas sorpresa.
3. Prefiere jugar solo o leer un libro tranquilamente, aun cuando hay niños a su alrededor.
4. Juega mucho haciendo el bruto. Por ejemplo, le gusta pelearse con sus hermanos, sus amigos o con su padre.
5. Se pone nervioso o se disgusta mucho cuando le regañas.
6. Cuando le corriges, no suele hacer caso. Hace falta que se lo digas muy seriamente para que te haga caso.
7. Funciona mejor con refuerzos positivos. Por ejemplo, le encanta que le digas que ha hecho algo bien o que le des un premio cuando se porta bien.
8. Se mete de cabeza en todo aquello que le interesa.
9. Le molestan mucho los ruidos fuertes o desagradables.

10. Los ruidos fuertes o desagradables no le molestan demasiado.
11. Si se mancha o se moja la ropa, se quiere cambiar enseguida.
12. Le da exactamente igual mojarse o mancharse la ropa.
13. Si tiene que hacer algo que nunca ha hecho, como, por ejemplo, aprender a montar en bicicleta, prefiere que no haya nadie delante.
14. Le da igual que haya gente mirándole cuando está aprendiendo a hacer algo nuevo.
15. Se pone nervioso cuando no encuentra un juguete que dejó ayer en un sitio.
16. No se da cuenta de si las cosas ya no están donde las dejó.
17. Se niega a ponerse ropa que pica.
18. Nunca comenta nada sobre la textura de la ropa.
19. Es sensible a los sentimientos de los demás.
20. No se da demasiada cuenta de los sentimientos de otras personas.

Resultados:

- Si has señalado muchas afirmaciones impares: tu hijo es más orquídea.
- Si has indicado muchas afirmaciones pares: tu hijo es más margarita.
- Si has marcado más o menos el mismo número de afirmaciones pares e impares: tu hijo es más tulipán.

7. Y CUÁNDO TRASPASAN LOS LÍMITES, ¿QUÉ HACEMOS?

En este capítulo hemos hablado mucho de qué hacer cuando tu hijo traspasa los límites. Pero, claro, el problema es que la teoría está muy bien, y, sin embargo, a veces es muy difícil mantener la calma para poder aplicarla. Vamos a centrarnos ahora en esto: cómo autorregularnos cuando nuestro hijo traspasa los límites.

Es normal que nos enfademos cuando nuestro hijo ignora los límites establecidos. El enfado es un sentimiento totalmente comprensible ante una situación que encontramos ofensiva, injusta o inaceptable. Así que nuestro objetivo no es no enfadarnos. Nuestro objetivo es gestionar nuestro enfado de una manera regulada para conseguir que nuestro comportamiento sea el que queremos.

Para conseguirlo, te propongo fijarte en las técnicas de la terapia cognitivo-conductual. Observa este gráfico que explica cómo, ante cualquier situación a la que nos enfrentamos, experimentamos un pensamiento, una emoción y un comportamiento.

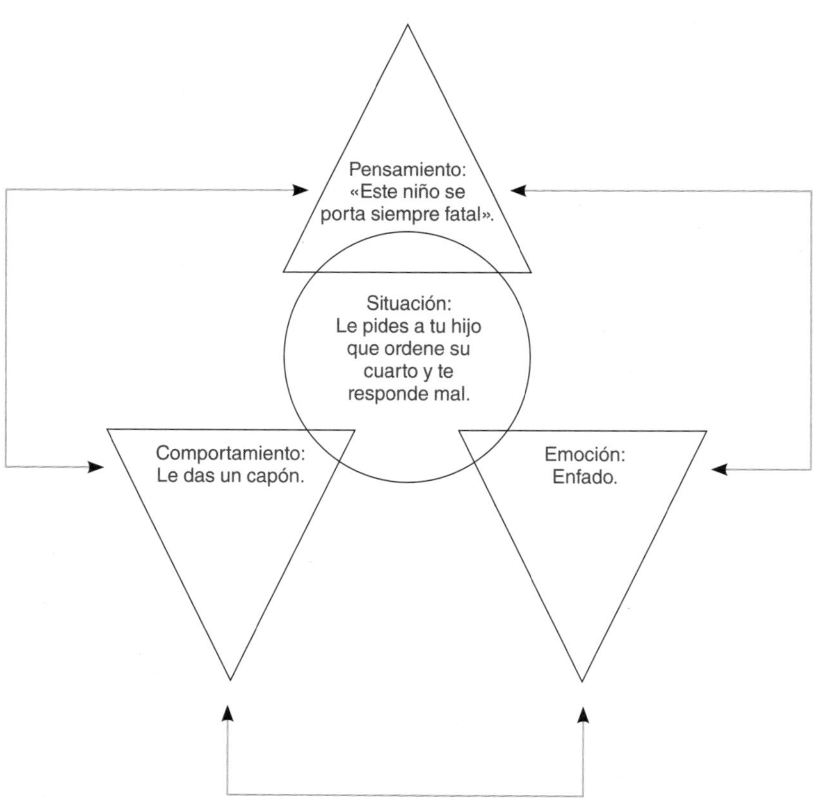

Piensa ahora en una situación en la que consideres que tu hijo se porta mal y te cuesta mantener la calma.

1. **Evalúa la situación:**
   - ¿En qué situaciones se porta mal tu hijo?; ¿qué es portarse mal para ti?; ¿qué sientes cuando tu hijo se porta mal?
   - Identifica tus pensamientos automáticos cuando tu hijo se porta mal: «Nunca obedece», «Ya no sé qué hacer» o «Es que no me respeta».
   - Detecta las creencias detrás de estos pensamientos:
     «Si no soy capaz de controlar a mi hijo, significa que soy una mala madre».
     «Es que si no le doy un capón, no obedece».
     «Ya sé que está mal darle un capón, pero es la única solución».
   - Identifica la pauta:
     Pienso que mi hijo siempre se porta mal → Me enfado → Le doy un capón.
     En este ejemplo, nuestro pensamiento no nos ayuda a manejar la situación como nos gustaría.

2. **Prueba a cambiar tu pensamiento:**
   - Pasa del «Mi hijo siempre se porta mal» a «Mi hijo es un niño y, como todos, a veces se porta mal».
   Pensar que tu hijo nunca se porta bien no es un pensamiento realista. Seguramente tu hijo se porta bien a veces. Y este pensamiento no realista es perjudicial para vuestra relación. Hay que cambiar los pensamientos no realistas por otros que sí se ajusten a la realidad.

3. **Aprende técnicas de autorregulación:**
   - Cuando consigues dejar de pensar que tu hijo siempre se porta fatal y pasas a tener un pensamiento menos catastrofista y más ajustado a la realidad, te resultará más fácil regular tu enfado.
   - Reconoce las señales físicas de enfado (calor, tensión, respiración acelerada...).
   - Prueba diferentes técnicas de autorregulación para ver cuál te resulta más útil para regular el enfado. Por ejemplo, respirar profundamente diez veces, contar hasta diez o irte de la habitación cinco minutos.

4. **Practica esta nueva manera de enfrentarte a la situación:** Detecto señales de enfado → Respiro diez veces profundamente → Repito el pensamiento alternativo → Hablo con mi hijo sobre lo que ha hecho y le aplico una consecuencia lógica.

5. **Evalúa si esta nueva forma de autorregulación te funciona: prueba, ajusta y vuelve a observar.**

8. ¿Y CUANDO NADA FUNCIONA?

Ahora nos vamos a centrar en ti. En tus necesidades. En cómo estar fuerte. Porque es justo en los momentos en los que no sabemos qué hacer cuando necesitamos estar más fuertes.

Cuando somos padres, nos acostumbramos a poner las necesidades de los niños por encima de las nuestras. Y por supuesto que tenemos que cuidar de nuestros hijos, pero sin descuidarnos a nosotros por completo.

Hay seis áreas en las que debemos enfocarnos para cuidarnos a nosotros mismos:

1. Sueño.
2. Actividad física.
3. Alimentación.
4. Relaciones sociales.
5. Contacto con la naturaleza.
6. Estar presente en el momento.

Puntúa cada una de estas áreas del 1 al 10 en dos aspectos:

- Tu nivel de satisfacción en cada área.
- Dónde te gustaría estar en cada área.

Por ejemplo, podrías darle un 8 a «Actividad física» porque haces ejercicio al menos cuatro días a la semana, pero estar un 7 de satisfecho porque te gustaría poder ir al gimnasio en vez de hacer tus ejercicios en casa, pero no tienes ningún gimnasio cerca.

Ahora, piensa en un hábito que podrías cambiar que te ayudaría a mejorar en aquellas áreas donde no estás satisfecho del todo. Por ejemplo, podrías añadir un día más a la semana de ejercicio. ¿Por qué solo cambiar un hábito? Porque es mucho más realista hacer pequeños cambios que intentar cambiar todo de golpe. Prueba a cambiar un hábito, observa si funciona o no, ajusta lo que debas ajustar y vuelve a probar. Intenta cambiar hábitos que tengan solución: no vale de nada empeñarme en ir al gimnasio si no tengo ninguno cerca, porque al final no iré. Y recuerda que no es factible intentar llegar a un 10 en todas las áreas. Esa idea de ser la mejor versión de ti mismo no es realista y sí bastante agotadora. Encuentra un punto en el que estés lo suficientemente bien.

Y por último, no soy muy amiga de las afirmaciones, pero yo creo que esta nos la debemos grabar a fuego todos los padres (y sobre todo las madres): CUIDARTE NO ES SER EGOÍSTA. CUANDO ERES MADRE, CUIDARTE ES CUIDAR A TU HIJO.

9. ¿Y QUÉ HACEMOS CON LOS DEMÁS?

Cuando «compartimos» a nuestros niños con otros (pareja, expareja, abuelos, profesores...), es importante que todos vayamos a una, por el bien del niño, y que a la vez cada uno de nosotros nos sintamos respetados y escuchados. Para conseguirlo, es fundamental saber comunicarnos. Y no siempre es fácil. Los desacuerdos con tu pareja, tu ex o tu suegra sobre temas relacionados con los niños son muy frecuentes. Te propongo un ejercicio (adaptado del libro de Rachel Morris, *Working Mother*) para reflexionar sobre nuestra manera de comunicarnos. Porque el objetivo no es no tener conflictos nunca, sino ser capaces de resolverlos.

1. Piensa en algo que creas que no está funcionando entre tu hijo y alguna persona de tu entorno. Por ejemplo, tu madre le deja a tu hijo ver YouTube sin control, le has pedido varias veces que no lo haga, pero ella no te ha hecho caso.

2. Coge papel y bolígrafo y escribe lo que le dirías a tu madre. No lo pienses mucho, nadie lo va a leer. Escribe lo que te salga.

3. Reflexiona:
   - ¿Cómo te sientes ahora que lo has soltado todo? ¿Mejor, peor, igual?
   - ¿Cuáles crees que son los riesgos de decírselo a tu madre?
   - ¿Y los riesgos de no decírselo?
   - ¿Decirlo o no decirlo sería bueno o malo para ti?

- ¿Decirlo o no decirlo sería bueno o malo para tu hijo?

4. Ahora ponte en el lugar de la persona con la que quieres hablar. En este caso, tu madre:
   - ¿Cuál puede ser su punto de vista sobre este tema?
   - ¿Cómo puede reaccionar a esta conversación?

5. El paso siguiente es decidir si quieres o no tener esta conversación. En el caso de que sí quieras, prepara lo que quieres decir. Estos puntos te pueden servir para preparar la conversación:
   - Céntrate en el presente: no te remontes al principio de los tiempos. Procura no decir cosas como «tú siempre...» o «tú nunca...». Usa ejemplos concretos.
   - Focalízate en un solo asunto.
   - Usa afirmaciones relacionadas contigo más que con la otra persona: «yo pienso...»; «en mi opinión...» o «este sistema a mí no me funciona».
   - Escucha a la otra persona y ponte en su lugar. La gente raramente cambia de actitud si no se sienten comprendidos.

- No des por sentado lo que la otra persona siente, quiere o piensa. Pregúntaselo y escucha de verdad cuando te lo cuente.
- Di clara y directamente qué quieres que cambie o qué quieres discutir. Por ejemplo, «Por favor, deja de comparar a Juan con su hermano mayor», «Cuando Luis se quede a dormir en tu casa, tiene que acostarse a las ocho, que es su hora», o «Siento que yo me ocupo mucho más de los niños que tú y no me parece justo».
- Recuerda siempre que, por encima de todo, está el interés de tu hijo. No se trata de ganar o perder.

6. Elige el momento y el lugar para tener la conversación: puede ser una buena idea hablar en un espacio público para que tengáis menos posibilidades de acabar en una pelea.

7. Y finalmente, recuerda que no puedes controlarlo todo. Tú puedes controlar tus palabras y tus reacciones, pero no tienes control sobre cómo va a reaccionar la otra persona.

10. ¿QUÉ HAY DE LOS NIÑOS NEURODIVERGENTES?

Los padres de niños neurodivergentes necesitan tener información sobre la condición de su hijo para poder adaptarse a él y responder a sus demandas. Los padres que no tienen hijos neurodivergentes también deben conocer las necesidades de los niños neurodivergentes porque es la única manera de poder apoyarles a ellos y a sus familias. El conocimiento siempre ayuda a derribar barreras, y sobre este tema hay mucha desinformación. Por eso, tengas hijos neurodivergentes o no, te propongo completar este cuestionario para ver cuál es tu nivel de conocimientos sobre este tema. Señala si cada una de estas afirmaciones es verdadera o falsa:

1. Todos los niños con TEA son genios en alguna disciplina.
2. Las vacunas causan autismo.
3. Mi niño no puede tener TDAH porque se pasa horas jugando con sus legos.
4. La dislexia se puede curar.
5. La medicación es el único tratamiento que funciona para los niños con TDAH.

6. Las niñas no tienen TEA.
7. La dispraxia se diagnostica cuando el niño empieza a andar.
8. Si uno de los padres tiene TDAH, aumenta la posibilidad de que el hijo lo tenga.
9. La edad del padre aumenta el riesgo de que el hijo tenga TEA.
10. Los tics se pueden controlar con un poco de fuerza de voluntad.

Soluciones

1. Falso. Creo que todos nos quedamos con esta idea cuando vimos *Rainman*, de Dustin Hoffman, pero no es cierta. Los niños con TEA son totalmente diferentes entre sí. Es cierto que hay algunos que son muy talentosos en alguna disciplina, pero no es el caso de la gran mayoría.
2. Falso. Totalmente falso. Las causas exactas del autismo no se conocen y por eso hay tanta especulación y desinformación. Pero lo que está claro es que las vacunas no son la causa.
3. Falso. Esta idea está muy extendida entre los padres, pero no es cierta. Los niños con TDAH pueden presentar dificultades en algunas áreas y en otras no. Si una actividad les interesa y, además, les aporta un reforzamiento positivo inmediato, pueden estar concentradísimos durante mucho rato y, sin embargo, encontrar imposible centrarse en otras.
4. Falso. La dislexia no se cura. De hecho, la dislexia no es una enfermedad, sino un trastorno del aprendizaje que mejora con el tratamiento adecuado.

5. Falso. La medicación es un elemento del tratamiento del TDAH. El tratamiento suele incluir medicación, terapia para el niño y entrenamiento para los padres. Un diagnóstico de TDAH no implica que, sí o sí, el niño vaya a necesitar medicación.
6. Falso. Es verdad que hay más niños diagnosticados de TEA que niñas, pero las niñas también lo tienen. Hay expertos que afirman que, en realidad, no se trata de que los niños tengan más autismo que las niñas, sino que muchas niñas no reciben el diagnóstico porque son más hábiles ocultando los síntomas.
7. Falso. La dispraxia es una condición neurológica que dificulta el movimiento y el lenguaje. Se diagnostica a partir de los cinco años, cuando los problemas de coordinación del niño le dificultan realizar actividades cotidianas como vestirse, jugar o hacer tareas escolares.
8. Verdadero. Si el padre o la madre tiene TDAH, aumenta un 50 por ciento la probabilidad de que tengan un hijo con TDAH. Hay otros factores de riesgo que predisponen a ello: nacimiento prematuro,

bajo peso al nacer o que la madre bebiera alcohol o tomara drogas durante el embarazo.

9. Verdadero. Hay estudios que indican que la edad del padre (especialmente a partir de los cincuenta años) es un factor de riesgo para el desarrollo de TEA. La explicación puede ser que, con la edad, hay un mayor riesgo de mutaciones genéticas en el esperma, lo que aumenta el riesgo de TEA. Ojo, la edad paterna parece ser un factor de riesgo, pero no es la única causa.
10. Falso. Los tics son movimientos o sonidos involuntarios y repetitivos (por ejemplo, parpadear, aclararse la garganta o encogerse de hombros). No se pueden controlar completamente con fuerza de voluntad. Hay casos en los que desaparecen solos mientras que en otras ocasiones se necesita tratamiento, como terapia cognitivo-conductual.

11. Tu hijo tiene que aprender a establecer sus propios límites

En este último ejercicio te invito a que, de manera consciente, ayudes a tu hijo a desarrollar las habilidades de las que hemos hablado: autoconocimiento, respeto a uno mismo, asertividad, empatía y capacidad de comunicación.

Como hemos comentado, los niños no solo aprenden de sus padres, sino que aprenden de todo lo que pasa a su alrededor: de sus profesores, amigos, series, canciones, redes sociales, libros, películas... de todo. Así que, a continuación, te presento una película, un libro y un juego que apoyan el desarrollo de estas cinco habilidades tan importantes.

Autoconocimiento:

- Película: *Inside Out* 1 y 2. Estas dos películas son muy útiles para que los niños entiendan cómo funciona el triángulo pensamiento-emoción-conducta. La doctora Lisa Damour, psicóloga especializada en adolescencia, asesoró a los creadores. Para todas las edades.

- Libro: *El emocionómetro del inspector Drilo* de Susanna Isern. En este cuento el inspector Drilo descubre la tristeza, el miedo, el enfado, el amor... y enseña a medirlos con su emocionómetro. A partir de seis años.
- Juego: *El camino*. Lo componen un tablero, fichas con preguntas y unos dados. Las fichas deben incluir preguntas sobre nosotros mismos: «¿Cuál es tu color favorito?», «Nombra algo en lo que eres muy bueno», «¿Qué superpoder te gustaría tener y por qué?», «¿Qué te pone triste?». El objetivo no es ganar, sino conocerse unos a otros y a uno mismo.

Respeto a uno mismo:

- Película: *En busca de la felicidad*. Maravillosa película de Will Smith que da mensajes sobre la importancia de respetarse a uno mismo, la perseverancia, y apoyarse mutuamente. Para mayores de 13 años.
- Libro: *El Diario de Greg* de Jeff Kinney. No es un libro sino una serie que resalta la importancia de sentirse aceptado, pero sin obsesionarse por la aproba-

ción social. Estos libros además pueden ayudar a tu hijo a engancharse a la lectura si no es muy lector. A partir de 8 años.

- Juego: *El Juego del Tesoro*. Cada jugador debe escribir en una tarjeta: algo que sabe hacer bien, algo que le gusta de sí mismo, algo que ha logrado con esfuerzo, y algo por lo que se siente orgulloso. Se puede compartir o no con el resto del grupo. La tarjeta (el tesoro) se guarda para que nos sirva de recordatorio en los momentos que dudamos de nosotros mismos. A partir de 6 años.

Asertividad:

- Película: *Zootrópolis*. Esta película de dibujos animados no habla explícitamente de asertividad, pero enseña un personaje muy asertivo: Judy, la conejita policía, que defiende su sueño a pesar de las críticas. Para todas las edades.
- Libro: *Telmo aprende a decir no: un cuento sobre la asertividad*, de Raquel Tolmo. Telmo es un elefante que, en su misión de coger flores para su madre, tie-

ne que aprender a decir que no de manera amable. A partir de tres años.

- Juego: *Trivial por equipos*. Al jugar en equipos, se practica la asertividad. A partir de ocho años.

Empatía:

- Película: *Wonder*. Preciosa película que cuenta la historia de Auggie, un niño con una malformación en la cara, que empieza su vida escolar. Trata temas como la empatía, el *bullying*, la familia y la aceptación. A partir de ocho años.
- Libro: *Empatía: guía para padres e hijos*, de Patricia Fernández. Este libro ayuda a padres e hijos a hablar sobre emociones, sobre cómo nos sentimos y cómo se sienten los demás. A partir de cinco años.
- Juego: *Feelinks*. Se propone una situación y cada jugador debe elegir la emoción que sentiría entre las opciones disponibles. Para ganar, hay que adivinar la emoción de los demás. De ocho años en adelante.

Capacidad de comunicación:

- Película: *Jerry Maguire*. Aunque no habla directamente de comunicación, el protagonista demuestra cómo la capacidad de comunicación (escrita y verbal) es fundamental para conseguir tus propósitos. A partir de catorce o quince años.
- Libro: *Ninja Life Hacks. Conciencia social y habilidades de relación*, de Mary Nhin. Se trata de ocho libros que hablan sobre diferentes habilidades fundamentales para la vida. Para niños de cuatro a diez años.
- Juego: *Tabú*. Es un clásico, pero sigue siendo una herramienta muy útil para practicar nuestra capacidad de comunicación. Tu equipo debe adivinar tu palabra sin que digas aquellas que están prohibidas. A partir de doce años.

Agradecimientos

Dicen que es de bien nacida ser agradecida. Pues bien, tengo tanta gente a la que agradecer...

Gracias infinitas a mi editor, Oriol Masià. Gracias por confiar en mí. Gracias de corazón por guiarme en este viaje que tanto he disfrutado y del que tanto he aprendido.

Gracias también a todo el equipo de Penguin Random House Grupo Editorial. A Lucía, Marta, Berta. Ir a vuestra oficina es el mejor plan del mundo. Gracias también a Miguel Ángel López Millán y a Raffaella Coia Radich.

Gracias a Eva Millet, magnífica periodista especializada en el mundo de la crianza. Tú no lo sabes, pero en realidad este libro nace gracias a ti.

A la doctora Harriet Tenenbaum le tengo tanto que

agradecer... Gracias por transmitirme la pasión por la psicología, por enseñarme a investigar y a escribir.

A mis compañeros de las universidades en las que he trabajado, a los estudiantes, a todos los que hacéis posible REC Parenting, a nuestros clientes... gracias. Aprendo muchísimo de cada uno de vosotros.

A mis padres, por animarme desde el primer momento a escribir este libro. Gracias por tanto. Por todo.

A mis hermanos... Qué suerte tengo con vosotros.

A mis abuelas y a mis tías Cristina y Piti. Gracias por vuestro cariño y tiempo.

A mis amigas del alma: Blanca, Piluca, Cristina, Teresa, María y Alicia. Por estar ahí. Siempre. Y por lo que nos queda.

A Piluca, además, le tengo que agradecer su ayuda con un capítulo que a mí se me hacía especialmente complicado.

A mi familia de Londres: Laura, Claire, Amparo, Belén, Rocío, Ana, Almudena, Astrid, Maraya, Blanca, Ani, Marijee, Carmen... Qué hubiera sido de mí y de mis niños sin vosotras...

A mis amigas «robadas»: Lucía y Eva. Gracias por acogerme.

A mis amigos «de fuera», que no leerán este libro porque no entienden ni palabra de español, pero a los que tanto quiero: Neil, Flavio, Giorgio, Tamara, Sarah, Simon y Ugo.

Escribiendo este libro me he acordado muchísimo de dos madres y amigas maravillosas que se fueron demasiado pronto: Becks e Irene. Os echamos de menos.

A mis niños, por acompañarme con tanta ilusión en esta aventura. Sois lo mejor de mi vida.

Y por último... a Alejandro. Por vivir la aventura de este libro con tanta o más ilusión que yo. Sin ti, nada. Gracias por dejarme ser.

Y a ti, que has comprado este libro. Gracias de corazón. Si leerlo te ha ayudado, aunque sea solo un poco, me doy más que por satisfecha. Te deseo a ti y a tu familia todo lo mejor.

Roma, 31 de agosto de 2025

Bibliografía

1. ¿QUÉ SON LOS LÍMITES?

Aznar, A. y F. Battams, «Emotion regulation in emerging adults: Do parenting and parents' own emotion regulation matter?», *Journal of Adult Development*, vol. 30, n.º 2, 2023, pp. 193-204. <https://doi.org/10.1007/s10804-022-09427-2>.

Barber, B. K. y E. L. Harmon, «Violating the self: Parental psychological control of children and adolescents», en B. K. Barber (ed.), *Intrusive parenting: How psychological control affects children and adolescents*, American Psychological Association, 2002, pp. 15-52.

Cabanas, E. y E. Illouz, *Happycracia. Cómo la ciencia y la industria de la felicidad controlan nuestras vidas*, Barcelona, Paidós, 2021.

Gopnik, A., *The Gardener and the Carpenter: What the New Science of Child Development Tells Us about the Relationship between Parents and Children*, Nueva York, Farrar, Straus and Giroux, 2016.

Hamlin, J. K., «Failed attempts to help and harm: Intention versus outcome in preverbal infants' social evaluations», *Cognition*, vol. 128, n.º 3, 2013, pp. 451-474. <https://doi.org/10.1016/j.cognition.2013.04.004>.

Kiff, C. J., *et al.*, «Nature and nurturing: Parenting in the context of child temperament», *Clinical Child and Family Psychology Review*, vol. 14, n.º 3, 2011, pp. 251-301. <https://doi.org/10.1007/s10567-011-0093-4>.

Kochanska, G., *et al.*, «Pathways to conscience: Early mother-child mutually responsive orientation and children's moral emotion, conduct, and cognition», *Journal of Child Psychology and Psychiatry*, vol. 46, n.º 1, 2025, pp. 19-34. <https://doi.org/10.1111/j.1469-7610.2004.00348.x>.

La Rosa, V. L. y B. H. H. Ching Commodari, «The Impact of Helicopter Parenting on Emerging Adults in Higher

Education: A Scoping Review of Psychological Adjustment in University Students», *The Journal of Genetic Psychology*, vol. 186, n.º 2, 2024, pp. 162-189. <https://doi.org/10.1080/00221325.2024.2413490>.

Laible, D., *et al.*, «Dimensions of conscience in mid-adolescence: Links with social behavior, parenting, and temperament», *Journal of Youth and Adolescence*, vol. 37, n.º 7, 2008, pp. 875-887. <https://doi.org/10.1007/s10964-008-9277-8>.

Morin, A., *13 Things Mentally Strong Parents Don't Do*, Nueva York, Harper Collins, 2017.

Selman, S. B. y J. E. Dilworth-Bart, «Routines and child development: A systematic review», *Journal of Family Theory & Review*, vol. 16, n.º 2, 2024, pp. 272-328. <https://doi.org/10.1111/jftr.12549>.

Van Lissa, C. J., *et al.*, «The role of fathers' versus mothers' parenting in emotion-regulation development from mid-late adolescence: Disentangling between-family differences from within-family effects», *Developmental Psychology*, vol. 55, n.º 2, 2019, p. 377. <https://doi.org/10.1037/dev0000612>.

Volling, B. L., *et al.*, «Sanctification of parenting, moral socialization, and young children's conscience development», *Psychology of Religion and Spirituality*, vol. 1, n.º 1, 2019, p. 53. <https://doi.org/10.1037/a0014958>.

2. ¿Por qué importan los límites?

Cole, P. M., *et al.*, «The development of emotion regulation and dysregulation: A clinical perspective», *Monographs of the Society for Research in Child Development*, 1994, pp. 73-100. <https://www.jstor.org/stable/1166139>.

Kim, J. y D. Cicchetti, «Longitudinal pathways linking child maltreatment, emotion regulation, peer relations, and psychopathology», *Journal of Child Psychology and Psychiatry*, vol. 51, n.º 6, 2010, pp. 706-716. <https://doi.org/10.1111/j.1469-7610.2009.02202.x>.

«My parents gave me a choice: leave private school or move house». <https://www.thetimes.com/uk/education/article/my-parents-gave-me-a-choice-leave-private-school-or-move-house-jqzkfbjnh>.

September, S. J., *et al.*, «Association between knowledge of child development and parenting: a systematic review»,

The Open family Studies Journal, vol. 8, 2017, pp. 3-16. <http://dx.doi.org/10.2174/1874922401709010001>.

Ulferts, H., «Why parenting matters for children in the 21st century: An evidence-based framework for understanding parenting and its impact on child development», OECD Education Working Papers n.º 222, 2020. <https://dx.doi.org/10.1787/129a1a59-en>.

Waldinger, R. y M. Schulz, *The Good Life: Lessons from the World's Longest Scientific Study of Happiness*, Nueva York, Simon and Schuster, 2023.

3. ¿Les faltan realmente límites a los niños de hoy? Laa crianza en los años veinte del siglo XXI

«Are Parents Spending Less Time with their Kids? World Economic Forum parents-children-parenting-time-spent-work-family-life-balance». <https://www.weforum.org/stories/2021/01/parents-children-parenting-time-spent-work-family-life-balance/>.

Arnett, J. J., «Emerging adulthood: What is it, and what is it good for?», *Child Development Perspectives*, vol.º 1, n.º 2,

2007, pp. 68-73. <https://doi.org/10.1111/j.1750-8606.2007.00016.x>.

Aznar, A., «Myths about Only Children Debunked», *The Conversation*, 2023. <https://theconversation.com/myths-about-only-children-debunked-126127>.

Dodd, H. F. y K. J. Lester, «Adventurous play as a mechanism for reducing risk for childhood anxiety: A conceptual model», *Clinical Child and Family Psychology Review*, vol. 24, n.º 1, 2021, pp. 164-181. <https://doi.org/10.1007/s10567-020-00338-w>.

Doepke, M. y F. Zilibotti, *Love, Money, and Parenting. How Economics Explains the Way We Raise our Kids*, Oxford, Princeton University Press, 2019.

El pasillo de la duda. Estudio sobre crianza contemporánea y redes sociales, tensiones y emociones, 2014. <https://www.observatoriodelainfancia.es/oia/esp/documentos_ficha.aspx?id=8739>.

Encuesta Continua de Hogares 2020. Instituto Nacional de Estadística. Encuesta Continua de Hogares (ECH), INE. Instituto Nacional de Estadística. <https://www.observatoriodelainfancia.es/oia/esp/documentos_ficha.aspx?id=8739>.

Fass, P. S., *The End of the American Childhood. A History of Parenting from Life on the Frontier to the Managed Child*, Oxford, Princeton University Press, 2016.

Gopnik, A., *The Gardener and the Carpenter: What the New Science of Child Development Tells Us about the Relationship between Parents and Children*, Nueva York, Farrar, Straus and Giroux, 2016.

Lukianoff, G. y J. Haidt, *The Coddling of the American Mind. How Good Intentions and Bad Ideas Are Setting Up a Generation for Failure*, Reino Unido, Allen Lane, 2018.

Millet, E., *Madres mamíferas. La crianza natural desde una nueva mirada*, Barcelona, Plataforma Actual, 2023.

Nelson, L. J., *et al.*, «Longitudinal predictors of helicopter parenting in emerging adulthood», *Emerging Adulthood*, vol. 9, n.º 3, 2021, pp. 240-251.<https://doi.org/10.1177/2167696820931980>.

«Parents under pressure: the U.S. Surgeon General's Advisory on the Mental Health & Well-Being of Parents», 2025. <https://www.hhs.gov/sites/default/files/parents-under-pressure.pdf>.

Senior, J., All Joy and No Fun: T*he Paradox of Modern*

Parenthood. The Paradox of Modern Parenthood, Nueva York, Virago Press Ltd, 2014.

4. Límites durante la crianza

Adams, M. A., «Reinforcement theory and behavior analysis», *Behavioral Development Bulletin*, vol. 9, n.º 1, 2000, pp. 3-6. <https://doi.org/10.1037/h0100529>.

Aznar, A., «Smacking children: what the research says», *The Conversation*, 2022. <https://theconversation.com/smacking-children-what-the-research-says-182733>.

Brummelman, E., *et al.*, «The praise paradox: When and why praise backfires in children with low self-esteem», *Child Development Perspectives*, vol, 10, n.º 2, 2016, pp. 111-115. <https://doi.org/10.1111/cdep.12171>.

Harach, L. D. y L. J. Kuczynski, «Construction and maintenance of parent-child relationships: Bidirectional contributions from the perspective of parents», *Infant and Child Development: An International Journal of Research and Practice*, vol. 14, n.º 4, 2005, pp. 327-343. <https://doi.org/10.1002/icd.393>.

Janson, H. y K. S. Mathiesen, «Temperament profiles from infancy to middle childhood: Development and associations with behaviour problems», *Developmental Psychology*, 44, 2008, pp. 1314-1328. doi: <https://pubmed.ncbi.nlm.nih.gov/18793065/>.

Meeus, W., *et al.*, «Separation-individuation revisited: On the interplay of parent-adolescent relations, identity and emotional adjustment in adolescence», *Journal of Adolescence*, vol. 28, n.º 1, 2005, pp. 89-106. <https://doi.org/10.1016/j.adolescence.2004.07.003>.

Natterson, C. y V. Kroll Bennett, *This Is So Awkward*, New York, Rodale, 2023.

Potegal, M. y R. J. Davidson, «Temper tantrums in young children: Behavioral composition», *Journal of Development and Behavioural Pediatrics*, vol. 24, 2003, pp. 140-147 (0196-206X/00/2403-0140).

5. Me cuesta establecer límites porque...

Allsop, D. B., *et al.*, «Daddy, Mommy, and Money: The Association Between Parental Materialism on Parent-

Child Relationship Quality», *Faculty Publications*, 2020. <https://scholarsarchive.byu.edu/facpub/4546>.

Borelli, J. *et al.*, «Bringing work home: Gender and parenting correlates of work-family guilt among parents of toddlers», *Journal of Child and Family Studies*, vol. 26, n.º 6, 2017, pp 1734-1745. <https://doi.org/10.1007/s10826-017-0693-9>.

Constantinou, G., *et al.*, «Reviewing the experiences of maternal guilt - the "Motherhood Myth" influence», *Health Care for Women International*, vol.42, n.º 4-6, 2021, pp. 852-876. <https://doi.org/10.1080/07399332.2020.1835917>.

Guryan, J., *et al.*, «Parental Education and Parental Time with Children», *Journal of Economic Perspectives*, vol. 22, n.º 3, 2008, pp. 23-46. <https://pubs.aeaweb.org/doi/pdf/10.1257%2Fjep.22.3.23>.

<https://melissamilkie.com/wp-content/uploads/2016/06/2005-nomaguchi-et-al-time-strains-and-psychological-well-being-do-dual-earner-mothers-and-fathers-differ.pdf>.

Huver, R. M. E., *et al.*, «Personality and parenting styles in parents of adolescents», *Journal of Adolescence*, vol. 33, n.º 3, 2010, pp. 395-402. <https://doi.org/10.1016/j.adolescence.2009.07.012>.

Kupfer, J., «Can parents and children be friends?», *American Philosophical Quarterly*, vol. 27, n.º 1, 1990, pp. 15-26. <https://www.jstor.org/stable/20014308>.

Millet, E., *Niños, adolescentes y ansiedad. ¿Un asunto de los hijos o de los padres?*, Barcelona, Plataforma Actual, 2019.

— *Hiperpaternidad*, Barcelona, Plataforma Actual, 2016.

Winnicott, D. W., *The Collected Works of DW Winnicott* (vol. 12), Londres, Oxford University Press, 2016.

Wischerth, G. A., *et al.*, «The Adverse Influence of Permissive Parenting on Personal Growth and the Mediating Role of Emotional Intelligence», *The Journal of Genetic Psychology*, vol. 177, n.º 5, 2016, pp. 185-189. <https://doi.org/10.1080/00221325.2016.1224223>.

Wuyts, D., *et al.*, «Effects of social pressure and child failure on parents' use of control: An experimental investigation», *Contemporary Educational Psychology*, vol. 51, 2017, pp. 378-390. <https://doi.org/10.1016/j.cedpsych.2017.09.010>.

6. Mucho límite o poco límite: ¿dónde está el punto medio?

Aznar, A., *et al.*, «Home-schooling during COVID-19 lockdown: Effects of coping style, home space, and everyday creativity on stress and home-schooling outcomes», *Couple and Family Psychology: Research and Practice*, vol. 10, nº 4, 2021, pp. 294-312. <https://doi.org/10.31234/osf.io/dzh8m>.

Boyce, W. T., *The Orchid and the Dandelion: Why Sensitive People Struggle and How All Can Thrive*, Nueva York, Pan MacMillan, 2019.

Deater-Deckard, K., *Parenting Stress*, Nueva York, Yale University Press, 2008.

Doepke, M. y F. Zilibotti, *Love, Money and Parenting*, Londres, Princeton University Press, 2019.

Jensen, A. C. y M. A. Jorgensen-Wells, «Parents favour daughters: meta-analysis of gender and other predictors of parental differential treatment», *Psychological Bulletin*, vol. 151, n.º 1, 2025, pp. 33-47. <https://doi.org/10.1037/bul0000458>.

Maccoby, E. E., «Parenting and its effects on children: On

reading and misreading behavior genetics», *Annual Review Psychology*, vol. 51, 2000, pp. 1-27. doi: 10.1146/annurev.psych.51.1.1.

Olarte, S. B., *El cortisol no sube solo, sube con el alquiler. Entiende cómo el contexto afecta a tu bienestar psicológico y aprende a gestionar lo que está en tu mano*, Barcelona, Montena, 2025.

7. Y CUANDO TRASPASAN LOS LÍMITES, ¿QUÉ HACEMOS?

Dube, S. R., *et al.*, «Childhood verbal abuse as a child maltreatment subtype: A systematic review of the current evidence», *Child Abuse & Neglect*, vol. 144, 2023.

Gershoff, E. T., *et al.*, «The strength of the causal evidence against physical punishment of children and its implications for parents, psychologists, and policymakers», *American Psychologist*, 73(5), 2018, pp. 626-638. <https://dx.doi.org/10.1037/amp0000327>.

—, «Spare the dog, hit the child: Preliminary findings regarding parents' beliefs about spanking and hitting children», *Psychology of Violence*, vol. 15, n.º 1, 2024, pp. 76-84. <https://psycnet.apa.org/doiLanding?doi=10.1037%2Fvio0000535>.

Pressman, A., *The 5 Principles of Parenting: Your Essential Guide to Raising Good Humans*, Nueva York, Simon & Schuster, 2024.

«The Fallacy of the *'I Turned Out Fine'* Argument», *The New York Times*, 2018, <https://www.nytimes.com/2018/11/27/well/family/the-fallacy-of-the-i-turned-out-fine-argument.html>.

8. ¿Y CUANDO NADA FUNCIONA?

Dunn, J. y P. Munn, «Siblings and the development of prosocial behaviour», *International Journal of Behavioral Development*, vol. 9, n.º 3, 1986, pp. 265-284. <https://doi.org/10.1177/016502548600900301>.

Malloy, L. C., *et al.*, «Parents' attitudes about and socialization of honesty and dishonesty in typically-developing children and children with disruptive behavior disorders», *Journal of Abnormal Child Psychology*, vol. 47, n.º 2, 2019, pp. 299-312. <https://doi.org/10.1007/s10802-018-0444-4>.

Sala, M. N., *et al.*, «Emotion regulation strategies in preschool children», *British Journal of Developmental Psychology*, vol. 32, n.º 4, 2014, pp. 440-453. <https://doi.org/10.1111/bjdp.12055>.

Wolke, D., *et al.*, «Bullying in the family: sibling bullying», *The Lancet Psychiatry*, 2015.

9. ¿Y QUÉ HACEMOS CON LOS DEMÁS?

«Abuelos y crianza. El papel protagonista de las personas mayores en el cuidado a la infancia. Aldeas Infantiles SOS», 2023. <https://cms.aldeasinfantiles.es/uploads/2023/07/Abuelos-y-crianza.pdf>.

Amato, P. R., «Research on divorce: Continuing trends and new developments», *Journal of Marriage and Family*, vol. 72, n.º 3, 2010, pp. 650-666. <https://doi.org/10.1111/j.1741-3737.2010.00723.x>.

«Bring Back Communal Kid Discipline», <https://www.theatlantic.com/family/archive/2025/05/collective-child-discipline/682961/>.

Eira Nunes, C., *et al.*, «Co-parenting programs: A systematic review and meta-analysis», *Family Relations*, vol. 70, n.º 3, 2021, pp. 759-776. <https://doi.org/10.1111/fare.12438>.

Etchells, P., *Unlocked: The Real Science of Screen Time (and How to Spend It Better)*, Reino Unido, Piatkus, 2024.

Haidt, J., *The Anxious Generation: How the Great Rewiring of Childhood Is Causing an Epidemic of Mental Illness*, Londres, Penguin Books, 2024.

Informe del Defensor del Profesor Nacional. <https://documentos.anpe.es/defensor/memoria_defensor_2023-2024.pdf>.

Lauricella, A. R., *et al.*, «Young children's screen time: The complex role of parent and child factors». *Journal of Applied Developmental Psychology*, vol. 36, 2015, pp. 11-17. <https://doi.org/10.1016/j.appdev.2014.12.001>.

Metsä-Simola, N., *et al.*, «Grandparental support and maternal depression: Do grandparents' characteristics matter more for separating mothers?», *Population Studies*, vol. 78, n.º 3, 2024, pp. 503-523. <https://doi.org/10.1080/00324728.2023.2287493>.

Ruiz, S. A. y M. Silverstein, «Relationships with grandparents and the emotional well-being of late adolescent and young adult grandchildren», *Journal of Social Issues*, vol. 63, n.º 4, 2007, pp. 793-808. <https://doi.org/10.1111/j.1540-4560.2007.00537.x>.

Sabol, T. J. y R. C. Pianta, «Recent trends in research on teacher-child relationships». *Attachment & human development*, vol. 14, n.º 3, 2012, pp. 213-231. <https://doi.org/10.1080/14616734.2012.672262>.

Smetana, J. G., «Current research on parenting styles, dimensions, and beliefs». *Current Opinion in Psychology*, vol. 15, 2017, pp. 19-25. <https://doi.org/10.1016/j.copsyc.2017.02.012>.

Vuorre, M., *et al.*, «There is no evidence that associations between adolescents' digital technology engagement and mental health problems have increased», *Clinical Psychological Science*, vol. 9, n.º 5, 2021, pp. 823-835.

10. ¿QUÉ HAY DE LOS NIÑOS NEURODIVERGENTES?

Bennett, M., *et al.*, «Establishing Contexts for Support: Undoing the Legacy of the "Refrigerator Mother"

Myth», en *Life on the autism spectrum: Translating myths and misconceptions into positive futures*, Singapur, Springer Singapore, 2019, pp. 61-80.

Diamond, A., «Executive functions», *Annual Review of Psychology*, vol. 64, 2012, pp. 135-68.

Francés, L., *et al.*, «Current state of knowledge on the prevalence of neurodevelopmental disorders in childhood according to the DSM-5: a systematic review in accordance with the PRISMA criteria», *Child and Adolescent Psychiatry and Mental Health*, vol. 16, n.º 1, 2022, p. 27.

Hanvey, I., *et al.*, «Glass children: The lived experiences of siblings of people with a disability or chronic illness», *Journal of Community & Applied Social Psychology*, vol. 32, n.º 5, 2022, pp. 936-948.

Kian, N., *et al.*, «Prenatal risk factors and genetic causes of ADHD in children», *World Journal of Pedriatrics*, vol. 18, 2022, pp. 308-319. <https://doi.org/10.1007/s12519-022-00524-6>.

Maiano, C., C. L. Normand, M. C. Salvas, G. Moullec y A. Aime, «Prevalence of school bullying among youth with autism spectrum disorders: A systematic review and meta-analysis», *Autism Research*, vol. 9, n.º 6, 2016, pp. 601-615. <https://doi.org/10.1002/aur.1568>.

Musser, E. D., *et al.*, «Attention Deficit Hyperactivity Disroder developmental trajectories related to parental expressed emotion», *Journal of Abnormal Psychology*, vol. 125, n.º 2, 2016, pp. 182-195.

Mutluer, T., *et al.*, «Population-based psychiatric comorbidity in children and adolescents with autism spectrum disorder: A meta-analysis», *Frontiers in Psychiatry*, vol. 13, 2022.

Schnabel A., *et al.*, «Psychopathology in parents of children with autism spectrum disorder: A systematic review and meta-analysis of prevalence», *Autism*, vol. 24, 2020, pp. 26-40.

Serafini, E., *et al.*, «"How are you doing?". Parental Wellbeing in Families with Neurodivergent Children: A Systematic Review», *Journal of Clinical & Developmental Psychology*, vol. 7, n.º 1, 2025, pp. 27-91. <https://doi.org/10.13129/2612-4033/0110-4764>.

Taylor, L. E., *et al.*, «Vaccines are not associated with autism: an evidence-based meta-analysis of case-control and cohort studies», *Vaccine*, vol. 32, n.º 29, 2014, pp. 3623-3629.

11. Tu hijo tiene que aprender a establecer sus propios límites

Blakemore, S. J., «Imaging brain development: the adolescent brain», *Neuroimage*, vol. 61, n.º 2, 2012, pp. 397-406. <https://doi.org/10.1016/j.neuroimage.2011.11.080>.

Nikel, Ł., «Submissiveness, assertiveness and aggressiveness in school-age children: The role of self-efficacy and the Big Five», *Children and youth services review*, vol. 110, 2020. <https://doi.org/10.1016/j.childyouth.2020.104746>.

Piko, B. F. y M. Á. Balázs, «Authoritative parenting style and adolescent smoking and drinking», *Addictive Behaviors*, vol. 37, n.º 3, 2012, pp. 353-356. <https://doi.org/10.1016/j.addbeh.2011.11.022>.

Stern, J. A. y J. Cassidy, «Empathy from infancy to adolescence: An attachment perspective on the development of individual differences», *Developmental Review*, vol. 47, 2018, pp. 1-22. <https://www.sciencedirect.com/science/article/pii/S0273229717300849>.

«Why you shouldn't force the kids to hug granny at Christmas», <https://theconversation.com/why-you-

shouldnt-force-the-kids-to-hug-granny-at-christmas-108059>.

12. ¿Y QUÉ HAY DE NOSOTROS?

«Casi el 40 % de los padres españoles sienten culpabilidad en la crianza de sus hijos». <https://www.eldebate.com/familia/20221206/casi-40-padres-espanoles-sienten-culpabilidad-crianza-hijos_77714.html>.

Dean, L. y B. Churchill, «The mental load: building a deeper theoretical understanding of how cognitive and emotional labor overload women and mothers», *Community Work and Family*, vol. 25, n.º 3, 2021, pp. 13-29. <https://doi.org/10.1080/13668803.2021.2002813>.

«El pasillo de la duda. Estudio sobe crianza contemporánea y redes sociales. Tensiones y emociones». <https://twigastrategy.com/wp-content/uploads/2024/11/ESTUDIO_SOBRE_CRIANZA_CONTEMPORANEA_Y_REDES_SOCIALES_TENSIONES_Y_EMOCIONES.pdf>.

Glaser, E., *Motherhood. Feminism's Unfinished Business*, Londres, Harper Collins Publishers, 2022.

Harris, J. R., *The Nurture Assumption: Why Children Turn Out the Way They Do*, Nueva York, Simon and Schuster, 2011.

Jones, L., *Matrescence. On the Metamorphosis of Pregnancy, Childbirth and Motherhood*, Milton Keynes, Allen Lane, 2023.